Mit tatkräftiger Unterstützung durch meine liebe Ehefrau!

Herbert Alt

Z
U
K R E U Z E
F
A
H
R
E
N
...
rund um Westeuropa

von Monaco bis Bremerhaven
~ 8 Länder in 17 Tagen ~

Bibliografische Information der Deutschen Nationalbibliothek:

Die Deutsche Nationalbibliothek verzeichnet diese Publikation in der Deutschen Nationalbibliografie; detaillierte bibliografische Daten sind im Internet über http://dnb.dnb.de abrufbar.

1. Auflage 2018/06

Herstellung und Verlag: BoD – Books on Demand, Norderstedt

ISBN 9-783752-895926

Süchtig

Die letzten beiden Seereisen waren von ganz unterschiedlicher Natur. Die erste haben wir – also meine liebe Frau Traudl und ich – mit einem Linienschiff unternommen, das sich in den letzten Jahren immer mehr zu einem Kreuzfahrtschiff gemausert hat. Numero zwei unserer Reisen erfolgte dann mit einem ‚echten' Kreuzfahrtschiff, das eine sehr beliebte Route zu den Hauptstädten in der Ostsee bedient hat. Beide Reisen waren herrlich, aber eben total verschieden!

Was beiden Reisen aber gemein war, ist und bleibt für uns der Zauber des Wassers. Dabei ist es fast egal, ob es dabei immer an der Küste entlanggeht, oder ob wir auch mal einen ganzen Tag lang kein Land gesehen haben. Schon alleine die Luft am Meer ist ein Riesenunterschied zu unserer Stadtluft daheim! Aber wie verschieden allein Wasser sein kann, das erlebt man erst an Bord eines Schiffes. Gerade deshalb war unser Lieblingsplatz immer auf dem Außendeck, denn das aufgewühlte Kielwasser hat eine ebensolche Faszination auf uns ausgeübt wie die Spiegelungen der untergehenden Sonne auf einer leicht gekräuselten Wasseroberfläche.

Seit wir beide mehr oder weniger freiwillig im Ruhestand sind, können wir uns auch in der Zeiteinteilung freier bewegen. Das hat nicht nur den Vorteil, Ferienzeiten zu meiden, sondern ermöglicht auch eine breitere Auswahl an Reisen und dazu noch oft zu günstigeren Preisen. Auch eine langfristige Planung ist jetzt möglich, was es uns erlaubt, noch in den Genuss des Frühbucherrabatts zu kommen.

Folglich nutzten wir die nun gewonnene Freiheit und haben eine neue Reise ausgesucht. Am meisten hat uns das Angebot ‚Rund um Westeuropa' angelacht. Wir würden zunächst nach Nizza fliegen und von dort per Bustransfer nach Monte Carlo kommen, wo wir an Bord der MS Albatros gingen. Die Kreuzfahrt brächte uns dann anschließend von Südfrankreich aus einmal rund um die iberische Halbinsel mit Spanien und Portugal. Dazwischen wäre ein Abstecher nach Marokko geplant, bevor wir nach Westfrankreich und den Kanalinseln als letzte Station vor Bremerhaven noch England einen Besuch abstatten würden. Auch auf dieser Fahrt blieben sicherlich gewisse Überraschungen nicht aus. Unvorhersehbare Naturgewalten oder menschliche Schwächen – sowohl die Schiffsbesatzung als auch die Passagiere müssen eben immer flexibel sein!

~.~.~.~.~

Begleiten Sie uns auch auf unserer dritten Reise auf See, und erleben Sie mit uns die Vielfalt der Städte, der Menschen, aber auch des Wetters rund um Westeuropa!

Ihr Herbert Alt

Inhalt

Und was nun?

Es ist jetzt gerade mal einen Monat her, dass wir von unserer Ostseereise zurückgekommen sind. Die Fotos sind verarbeitet, und die ganze Verwandtschaft hat in Erzählungen miterlebt, was wir in den skandinavischen und baltischen Städten erlebt haben. Das Dumme dabei ist aber, dass man, wenn man vom Essen spricht, selbst wieder Hunger bekommt.

„Was macht ihr eigentlich nächstes Jahr?" Diese Frage haben wir regelmäßig nach unseren mündlichen Reiseberichten zu hören bekommen. Tja, was machen wir wohl? Eine Seereise natürlich! Aber das Ziel macht uns noch Kopfzerbrechen. Einerseits wollen wir schon lange in den Norden, Island ist eines unserer Traumziele. Andererseits hat das bisher zeitlich nie gepasst. Und dann kommt noch unsere Vorstellung dazu, nicht mit einem Kreuzfahrtriesen zu fahren, sondern mit einem überschaubaren Schiff. Auf der letzten Fahrt waren wir mit einem Dampfer unterwegs, der gerade so die richtige Mischung aus ‚handlich klein' und ‚komfortabel groß' hatte. Zu kleine Schiffe bieten weniger Annehmlichkeiten, zu große Schiffe haben viele Angebote, die wir vermutlich nie nutzen werden. Gut, es kommt natürlich insbesondere auf das Alter an; in gewisser Weise zwar auch auf das des Schiffs, aber vor allem auf unseres. ‚Party' haben wir schon genug zuhause, das brauchen wir im Urlaub nicht auch noch!

Also bleiben wir mal bei dem Prospekt der gleichen Reederei wie beim letzten Mal. Ein paar Tage länger als die 11 Tage in der Ostsee würden wir es an Bord sicher aushalten. Und dann würden wir gerne Länder und Städte kennenlernen, die uns bisher fremd geblieben sind. Andererseits sind wir nicht begeistert, halbe Tage mehr oder weniger regungslos in engen Flugzeugsitzen zu verbringen, nur um für ein paar Tage in solchen exotischen Ländern herumzuschippern, zu denen wir bisher wenig Bezug haben. „Spanien und Portugal fehlen uns zum Beispiel noch von Europa", stellt meine Frau bei Durchsicht der Reiseziele fest. Also ist die Richtung schon mal in der näheren Auswahl. „Fluss oder Meer? Da gibt es in Portugal eine interessante Flusskreuzfahrt von Porto aus auf dem Douro", findet sie als ersten Vorschlag. Aber wir wollten doch eigentlich eine Seereise unternehmen? „Gibt es auch, einmal rund um Westeuropa!" 17 Tage, mit Flug nach Nizza und Rückfahrt mit der Bahn von Bremerhaven; dazwischen 14 Häfen – das klingt schon interessant! Und das Schiff ist auch noch eine Nummer kleiner als die MS Artania zuletzt. „Die MS Albatros hat aber fast keine Balkonkabinen; nur einige Suiten haben einen. Die sind aber ganz schön teuer!", finde ich schnell heraus. „Na ja, Balkon muss nicht sein. In der Kabine sind wir doch hauptsächlich zum Schlafen." Dass meine Frau so schnell mit einer ‚normalen' Kabine zufrieden ist, wundert mich zunächst, da sie doch den Balkon wesentlich intensiver genutzt hat als ich. „Also gut, ich gehe morgen mal zu Herrn

F. in unser Reisebüro um die Ecke und schau mal, was noch frei ist!"

~.~

Es ist noch einiges frei. Allerdings gibt es keinen Frühbucherrabatt mehr. Der ist schon seit drei Monaten abgelaufen. Die Wahl der Kabine ist auch nicht mehr so leicht, denn unsere bevorzugten Kabinen mittschiffs und nicht gerade in einem der unteren Decks sind schon alle gebucht. Im Heckbereich von Deck 5 finden wir aber noch eine Kabine, die diverse Vorzüge aufweist: nicht so weit unten, schneller Zugang zum Außenbereich ein Deck höher, kein Aufzug in unmittelbarer Nähe, Fenster statt Bullauge, und schließlich preislich im unteren Mittelfeld. „Buchen!", erteile ich den Auftrag spontan und weiß, dass wir dann immer noch drei Tage Zeit haben, um notfalls von der Buchung zurückzutreten.

„Mitte Mai geht es los!", rufe ich meiner Frau gleich bei meiner Rückkehr zu. Zunächst schaut sie mich mit großen Augen an, entscheidet sich dann aber doch für ein „Toll! Was hast du gebucht?" Ich hole den Katalog hervor und deute auf unsere Kabine 5112 auf dem Oriondeck, wo wir zweieinhalb Wochen wohnen werden. „Hört man da nicht die Maschinen sehr?" Als ich ihr zeige, dass noch zwei weitere Passagierdecks unter uns sind, ist sie aber doch beruhigt. „Die Flugreise nach Nizza ist im Preis schon mit drin, die Rückfahrt per Bahn habe ich dazugebucht." – „Und unser Gepäck können wir wieder per Kurier schicken?", will meine Gattin wissen. „Ja, das geht direkt von zuhause aufs Schiff und wieder zurück. Wir müssen es nur zwei Tage eher abholen lassen, da es ins Ausland transportiert werden muss." Auch das habe ich schon vorab geklärt, denn mit drei Koffern im Schlepptau täten wir uns doch schwer.

Im Internet lesen wir nun gemeinsam nach, wie sich die Albatros von der Artania unterscheidet. Außer der Größe gibt es schon noch einige Unterschiede. Zum Beispiel die Tischordnung. Bisher konnten wir bei jeder Mahlzeit selbst bestimmen, wo wir sitzen wollten. Hier gibt es aber eine feste Platzzuteilung für die gesamte Reise. „Da kommen wir vielleicht eher mit anderen Leuten ins Gespräch!", freut sich Traudl, denn bei der letzten Reise konnten wir gar keine Kontakte knüpfen. Und es gibt ein Salatbuffet in den Restaurants! Für uns ist das ideal, denn ein Essen ohne Salat gibt es bei uns nur selten. „Hast du auch schon

> **Mein Tipp**
>
> *Informieren Sie sich **vor der Buchung** genau, wie groß Ihr Schiff ist und wie es ausgestattet ist. Schließlich muss es zu Ihnen passen, damit Sie die Reise richtig genießen können!*

Ausflüge gebucht?", will sie nun wissen. Habe ich aber nicht, denn das geht erst zwei Monate vor Abfahrt. Aber die Aufstellung, welche Ausflüge es vermutlich geben wird, die habe ich dabei und die können wir in der nächsten Zeit in aller Ruhe studieren. Jetzt müssen wir erst mal warten, bis wir die Buchungsbestätigung vom Veranstalter erhalten werden. Dann können wir alles Weitere planen.

Da wir uns nicht mehr gegenteilig geäußert haben, kommen doch tatsächlich etwa eine Woche später die Unterlagen von der Reederei. „Alles wie geplant!", kläre ich meine Frau auf, denn die Unterlagen decken sich mit unserer Auswahl; auch die Bahnrückfahrt wurde gebucht wie gewünscht.

Lesen bildet!

Ja, jetzt gibt es kein Zurück mehr. Wir werden eine Reise in Länder unternehmen, die wir bisher nur vom Hörensagen kennen. Großbritannien und Frankreich habe ich schon in meinen Kindertagen im Schlepptau meiner Eltern be- und durchreist, und auch die Hochzeitsreise hat uns durch unser westliches Nachbarland und nach London geführt; aber das ist schon eine halbe Ewigkeit her. Da mein Französisch so gut wie gar nicht vorhanden ist, war mir das Land bisher immer etwas suspekt.

Kennt man Spanien, wenn man mal auf Mallorca oder Teneriffa war? Sicher nicht. Also ist es für mich genauso Neuland wie Portugal. Meine einzige portugiesische Erfahrung war bisher der Überflug auf dem Weg zu den Kanaren; also auch Portugal wird viel Neues für uns parat haben. Marokko ist der nächste weiße Fleck auf unserer

Weltkarte. Da werden wir vermutlich in eine ganz andere Welt eintauchen, als wir sie von Mitteleuropa her kennen.

Aber zu einem weiteren Traumziel meiner Traudl führt uns die Kreuzfahrt ja auch noch: zu den Kanalinseln! Guernsey (oder Jersey) wollte sie schon immer mal besuchen! Die Inseln sollen sowohl von England wie von Frankreich jeweils die besten Eigenschaften geerbt haben; mal sehen. Solange sie nicht von England das Essen und von Frankreich die Sprache übernommen haben, sind sie sicher einen Besuch wert.

Wie sollen wir uns auf dieses Unterfangen vorbereiten? Einerseits wollen wir nicht ganz unwissend die neuen Länder und Orte erkunden, um nicht gleich in jedes landestypische Fettnäpfchen zu treten. Andererseits werden wir versuchen, unser Konto etwas anzufüttern, damit uns nicht hinterher ein großes Loch entgegenklafft.

„Weihnachten steht bald vor der Türe – da könnten wir uns doch wieder etwas für die Reise wünschen!?“ Bingo, tun wir doch unserer lieben Verwandtschaft den Gefallen und nehmen ihr die schwere Entscheidung ab, was sie uns zum Fest schenken kann! Vom Reiseführer über Spanien, Portugal, Marokko und Kanalinseln bis zu Bargeld in Euro, Pfund und Dirham wird alles willkommen sein. Jetzt müssten wir nur noch gefragt werden …

~.~

Es hat geklappt. Abgesehen von wenigen kleinen Zugaben, haben wir allerhand zu lesen bekommen. Und auch ein paar Umschläge mit Euroscheinen waren unter dem Tannenbaum gelegen! Gut, wechseln können wir zur Not selbst vor Ort. Ein schöner Bildband über die Kanalinseln verlockt uns jetzt schon, vielleicht nach der Kreuzfahrt nochmal einen eigenen Urlaub dort zu verbringen, denn wir werden ja nur einen einzigen Hafen besuchen können.

Ganz praktisch ist sicher ein kleiner Reiseführer, den wir – wie bei der letzten Reise – vom Veranstalter geschickt bekommen werden; aber eben erst kurz vor Reisebeginn.

> **Mein Tipp** *Kreuzfahrten sind nicht gerade billig. Da eine Seereise aber meist lange vorher gebucht wird, gibt es garantiert noch einige Gelegenheiten, sich Zuschüsse oder Literatur* **schenken zu lassen**.

Bleibt uns natürlich noch das unerschöpfliche Internet. Und da gibt es zum Thema Kreuzfahrt und Spanien, Kreuzfahrt und Portugal oder Kreuzfahrt und Marokko eine Menge Informationen. Ganz wichtig sind wohl die sogenannten „No-Gos", was man also tunlichst in bestimmten Ländern oder Kulturkreisen vermeiden sollte.

In Portugal ist zum Beispiel lautes Reden in Lokalen verpönt; wird nebenbei zudem der landestypische Fado vorgetragen, hat man die Klappe gänzlich zu halten. Spanier halten noch immer gerne eine Siesta. Diese zu stören ist extrem unhöflich! Auch mit der Pünktlichkeit ist es so eine Sache: Im Norden legt man großen Wert darauf, im Süden gehört eine Verspätung bis zu einer halben Stunde schon fast zum guten Ton.

Marokko ist da noch extremer, zumindest aus unserer Sicht. Als Mann darf man einer Frau bestenfalls zunicken; ein Händedruck ist tabu! Auch beim Essen ist einiges zu beachten: Wenn kein Besteck verfügbar ist, nur die rechte Hand benutzen! Und der Wasserkrug auf dem Tisch dient nicht zum Stillen des Durstes, sondern zum Händewaschen. Aber in diese Verlegenheit werden wir kaum kommen, da wir sicher – oder leider – nur im Rahmen eines Ausflugs das Land besuchen werden.

Frankreich ist uns geografisch zwar sehr nah, aber auch dort gibt es markante Unterschiede zu unserer Kultur. Händeschütteln ist meist nicht gewünscht; ein leichter Händedruck genügt! Ein „Du" oder ein angedeutetes Küsschen sind eher den guten Bekannten vorbehalten. Und kleidungsmäßig kann man ruhig zu den besseren Stücken greifen, vor allem, wenn man in ein Restaurant gehen möchte. Und im Taxi bitte immer hinten einsteigen!

Was die Kleidung angeht, steht der Brite den Franzosen ganz nah. Bei größeren Festen muss es da schon ein Smoking oder ein Abendkleid sein. Auch beim Essen sind schon viele Kontinentaleuropäer verzweifelt, wenn sie stilgerecht die Erbsen mit der Gabel aufspießen wollten. Bei der Begrüßung reicht man sich selten die Hände, meist reicht ein „Hello" oder ein „How do you do?", was aber keine Antwort erwartet, bestenfalls eine gleichlautende Gegenfrage.

„Ob wir uns das alles merken können?", zweifle ich auf Grund der vielen Besonderheiten. „Ach was, wir sind doch meistens mit einem Reiseleiter unterwegs, der wird uns schon richtig einweisen!", beruhigt mich meine Gattin. Und da hat sie mal wieder Recht. Warten wir es also ab, im März werden die Ausflüge zur Buchung freigegeben, und dann wissen wir mehr. Vielleicht unternehmen wir doch den einen oder anderen Landgang auf eigene Faust.

Wer die Wahl hat…

Pünktlich, wie auch vor der letzten Reise, liegen zwei Monate vor Reisebeginn die möglichen Ausflüge im ‚Zwischennetz'. Am Anreisetag steht nur die Einschiffung in Monaco auf dem Programm, aber am nächsten Tag sind wir auch noch bis Mittag in diesem Kleinstaat. Und da haben wir schon unterschiedliche Ansichten; meine Frau ist für eine Rundfahrt an der französischen Riviera, ich interessiere mich eher für das Bergdorf Èze. „Wir müssen ja nicht immer alles zusammen unternehmen!?", werfe ich in den Raum, und schon haben wir uns geeinigt – auf getrennte Wege. Aber im französischen Sète wollen wir doch wieder gemeinsam nach Montpellier fahren.

Roses ist nahe daran, uns wieder zu entzweien! Dort gibt es angeblich das beste oder zumindest innovativste Restaurant der Welt, das ‚el Bulli'. Der Begründer der Molekularküche hat es bis 2011 geführt, es wird aber auch heute noch in seinem Sinn weiterbetrieben. Auf mich als Hobbykoch übt es natürlich eine große Anziehungskraft aus! Allerdings steht dazu nur ein einziger Ausflug in dessen Nähe im Programm, so dass wir uns darauf einigen, in Roses von da ab auf eigene Faust das Lokal zu suchen; ein Taxi wird es wohl geben.

Die nächste Großstadt auf unserer Reise ist Barcelona. Dort wird die MS Albatros fast 24 Stunden liegen, was uns die Möglichkeit gibt, gleich zwei Ausflüge einzuplanen; sowohl am ersten Abend wie auch am folgenden Tag. So kommen wir in den Genuss der Lichterspiele am ‚Magischen Brunnen' wie auch des von Gaudí dominierten Stadtzentrums. „Eigentlich wäre der Ausflug nach Montserrat auch sehr lohnend!", liest meine Frau aus der Ausflugsbeschreibung vor. Aber die lange Busfahrt im Vergleich zu einem kurzen Aufenthalt lässt uns doch davon Abstand nehmen.

Mein Tipp *Wenn Sie zu zweit oder mit der ganzen Familie unterwegs sind, müssen Sie nicht immer alles zusammen unternehmen.* **Trennen Sie sich mal** *für einen Ausflug, dann haben Sie sich etwas zu erzählen!*

Weiter geht es nach Benidorm. „Das war mal ein beliebter Badeort, der aber seine besten Zeiten hinter sich hat", so zumindest steht es im Internet, und „Das Beste an Benidorm ist die Straße nach Alicante!" Mit dieser Empfehlung ist die Entscheidung für Traudl ei-

gentlich schon gefallen: Alicante. Aber auch der Ort Elche
wäre so schön beschrieben, meint sie; ob ich nicht vielleicht alleine dorthin möchte um Fotos für sie zu machen?
Also werden wir uns nochmal trennen müssen.

Almeria – hier werden wir nur einen halben Tag sein.
Viele Kreuzfahrer nutzen diesen Hafen, um von dort nach
Granada zu fahren. Da das aber in den wenigen Stunden
nicht geht, wird dieses sehenswerte Ziel im Rahmen einer
Überlandfahrt zum nächsten Hafen angeboten, nach
Motril. Wir wollen aber lieber mit dem Schiff weiterfahren
und buchen daher nur den kurzen Stadtausflug in Almeria.
Als besonders Bonbon gibt es dann nach der Burgbesich-
tigung noch eine Verkostung in einer Tapas-Bar.

Nun können wir den europäischen Kontinent verlassen
und einen Abstecher nach Tanger in Marokko machen.
Dort interessiert uns vor allem der Ort selbst, und der Abstecher zu den Herkules-Grotten lockt uns auch.

In Portimão werden wir schon wieder europäischen Boden
unter den Füßen haben. Die beiden Küstenstädtchen Lagos
und Sagres haben unsere Aufmerksamkeit gewonnen, und
so werden wir auch diesen Ausflug zu zweit unternehmen.

Die portugiesische Hauptstadt Lissabon steht als nächstes
auf dem Plan. „Ihr müsst dort unbedingt mit der Straßenbahn fahren!", haben wir schon von mehreren Seiten gehört. Folgsam, wie wir sind, buchen wir daher den Ausflug
mit der Bimmelbahn.

Am nächsten Tag gibt es – nichts. Es wird ein Seetag sein, denn es geht bis nach Bilbao in Nordspanien. „Sollen wir ins Guggenheim-Museum gehen?", will meine kunstinteressierte Frau von mir wissen. Ich würde mir lieber die Altstadt anschauen; ist daher wieder eine Trennung sinnvoll? Aber da sich Traudl auch nicht so ganz sicher ist mit dem Museumsbesuch, bleibt es doch beim Stadtrundgang. Der führt wenigstens am Museum vorbei! Wenn Traudl das Museum gefällt, könnten wir ja zweimal daran vorbeigehen…

Schon wieder viel weiter im Norden steuern wir dann nach Setè den zweiten französischen Hafen an: La Pallice, der Hafen von La Rochelle. Der lebhafte Ort selbst und vor allem die Insel Ré mit ihren kleinen Fischerhäfen sollen hier unser Ziel mit dem Bus sein.

Und noch ein Stopp in Frankreich steht auf dem Plan. Von Lorient aus wird ein Ausflug nach Carnac mit seinen unzähligen Megalithen und Dolmen angeboten. Auch das pittoreske Fischerörtchen Saint-Goustan soll einen Besuch wert sein, wenn es auch inzwischen von zu vielen Touristen heimgesucht wird.

Endlich Guernsey, Traudls Traumziel – zumindest auf dieser Reise. St. Peter Port ist, wie der Name schon verrät, der Verkehrshafen und zudem die größte Stadt auf der Insel. Bewacht wurde sie vom Schloss Cornet aus, das auf einer Landzunge vor der Bucht allen Angriffen versucht hat zu widerstehen. Beides wollen wir erkunden und dabei prüfen, ob unser Englisch möglicherweise schon ganz eingerostet ist.

Bleibt genau noch eine Station, bevor die Umrundung Westeuropas nach einem weiteren Seetag in Bremerhaven zu Ende gehen wird: Dover auf dem englischen ‚Festland‘. Ausflüge nach Canterbury oder gar London kommen für uns auf Grund der langen Busfahrt wieder von vorne herein nicht in Betracht; schließlich sind wir auf einer Seereise und nicht bei einer Landeserkundung. Aber das in der Nähe liegende Sandwich soll ein nettes kleines Städtchen sein. Von ihm hat unter anderen der kartenspielende vierte Earl im 18. Jh. seinen Namen, und dann auch die belegten und zusammengeklappten Brotscheiben den ihren erhalten. Und auch der eindrucksvollen Burg ‚Walmer Castle‘ können wir auf der Rückfahrt einen Besuch abstatten.

Die Buchungen sind schnell eingegeben, und wir erhalten den Hinweis, dass die Ausflüge erst bei der Abrechnung an Bord zu bezahlen sind; es könnten ja noch aktuelle Änderungen nötig sein. Wie zutreffend dieser Zusatz ist, werden wir auf der Reise noch zu spüren bekommen!

Aber da wir ja gerade auf der Seite unseres Veranstalters sind, geben wir noch unsere Handynummer an, falls man uns erreichen müsste, und dann noch die Kontaktadresse unseres Sohnes; nur für den Fall, dass…

Gepäckabfertigung

Zwei Monate gehen doch rasant vorbei! In drei Tagen geht es nun endlich los. Und vor ein paar Tagen kamen dann auch die endgültigen Reisepapiere mit unseren Einschiffungsunterlagen. Auch der Hinweis war wieder dabei, wie wir unsere Koffer durch ein Logistikunternehmen von unserer Haustür bis in die Kabine an Bord transportieren lassen könnten. Diesen Dienst nehmen wir gerne an, wenn er auch nicht gerade billig ist, aber mit drei Koffern und einer Reisetasche von zuhause zum Flughafen nach München und dann damit nach Nizza fliegen ist doch etwas sehr unpraktisch; den Luxus der Kofferaufgabe werden wir uns gönnen! Gestern mussten wir daher unsere großen Koffer packen, denn die werden heute vom Gepäckkurier abgeholt.

Was nimmt man auf diese Reise mit? Bei unserer ersten Kreuzfahrt in den Norden war es klar: Es wird winterlich. Demnach waren vor allem warme Sachen angesagt, am besten in mehreren Schichten – also Zwiebeltechnik. Da konnte es dann im südlichen Norden noch etwas wärmer sein, jenseits des Polarkreises durfte es dann ruhig kalt werden! Bei der letzten Reise in die Ostsee hatten wir uns mehr auf herbstliches Klima eingestellt, denn trotz Sommer konnte es doch ziemlich windig werden. Aber auf dieser Reise zum ausgehenden Frühling könnten wir glatt einen Koffer mehr gebrauchen! Los geht es im milden Mittelmeerklima, dann folgt das trockene und vermutlich sehr warme Afrika und schließlich der raue Atlantik. Spätestens im Ärmelkanal und vor allem in Dover könnte uns feuchtes und kühles Klima erwarten. Also blieb uns gestern gar nichts anderes übrig, als wieder zur bewährten Zwiebeltechnik zu greifen: vom T-Shirt bis zur warmen Fleecejacke musste alles in die Koffer. Für unseren kleinen Handgepäckskoffer wurden aber noch ein paar ‚lebensnotwendige‘ Kleidungsstücke ausgesucht, mit denen wir zumindest ein, zwei Tage überleben könnten, falls unsere anderen Koffer einen nicht geplanten Umweg nehmen sollten. Unsere Kulturbeutel, etwas Wäsche und je ein Teil der Oberbekleidung durften von den großen roten in den kleinen blauen wechseln. Ins Handgepäck kommen dann noch die Medikamente, die wir für alle Fälle mitnehmen; der Rest wird sich bis zur Abreise noch ergeben.

Zwischen 8 und 10 Uhr sollen die Koffer abgeholt werden, hieß es bei der Buchungsbestätigung des Logistikunternehmens. Pünktlich um kurz nach 8 Uhr klingelt es tatsächlich, und eine relativ kleine Dame steht vor der Tür. Da sie nicht gerade wie eine Bodybuilderin aussieht, zweifle ich zunächst da-

> **Mein Tipp**
> *Leisten Sie sich einen* **Kofferservice!** *So beginnt der Urlaub bereits schon an der Haustüre, denn dann müssen Sie sich nicht mit Ihren schweren Koffern abmühen.*

ran, dass sie wirklich mit unseren beiden gewichtigen Koffern klarkommen wird. Aber sie hat damit keine Probleme. Gegen Quittung nimmt sie die Gepäckstücke entgegen, wirft sich den einen Koffer auf die Schulter und trägt den anderen in der linken Hand davon. „Die Koffer haben auch Rollen!", rufe ich ihr nach, und sie erklärt mir im Umdrehen, dass sie die Koffer tragen müsse; schließlich könnten die Rollen kaputtgehen und dann müsste ihre Firma die Koffer ersetzen. ‚Alle Achtung', denke ich mir, und beim Schließen der Tür glaubt meine Frau, in der Kurierdame die gleiche Person erkannt zu haben, die auch vor unserer Ostseefahrt die Koffer geholt hat.

~.~

Noch zwei Tage. Wie kommen wir zum Flughafen nach München? Mit der Bahn, oder hat unser Sohn Zeit, uns hinüber zu fahren? Unser Flieger geht erst kurz vor Mittag, so dass wir eigentlich selbst mit der Bahn fahren könnten. „Am bequemsten ist es mit dem Flughafentransfer!", wendet meine Gattin ein. Das ist eine Ansage! Also setze ich mich sofort an den PC und buche einen ‚Einwegtransfer' für übermorgen. Allerdings kommt umgehend eine Rückmeldung, ich möchte doch bitte anrufen und anfragen, ob eine so kurzfristige Reservierung möglich sei! Gesagt, getan. Der freundliche Ausländer am Telefon nimmt unsere Adresse und die Flugdaten auf und verspricht, in wenigen Minuten zurückzurufen. Also abwarten. Sonst hat das immer über das Internet reibungslos geklappt, da hatten wir aber meist mindestens eine Woche Vorlauf. „Außer bei unserer Hurtigrutenreise!", bemerkt Traudl. Stimmt, da mussten wir sogar eine Reservierung des Taxis von morgen auf heute verschieben – wegen des Fluglotsenstreiks. Aber prompt klingelt schon das Telefon, und der Transfer wird für übermorgen bestätigt.

~.~

Noch ein Tag! Heute steht das traditionelle Abschiedsessen auf dem Programm; man braucht eben immer einen Grund, damit unsere kleine Familie mal zusammenkommen kann. Die Wahl des Lokals ist schon mal eine Herausforderung. „Sollen wir uns schon mal auf die französische Küche einstellen?", frage ich mal vorsichtig bei Traudl an. „Ich kenne kein französisches Lokal in der Nähe!", ist ihre trockene Antwort. Stimmt eigentlich, aber spanisch könnte ich ihr bieten. „Nehmen wir lieber etwas, was wir die nächsten Tage nicht bekommen werden!", schlägt meine Frau nach kurzem Überlegen vor. Gut, da kommt mir zuerst unser Italiener um die Ecke in den Sinn. Und mit dem sind auch alle Beteiligten einverstanden.

„Ich habe nichts mehr anzuziehen!", höre ich meine liebe Gattin seufzen beim Blick in den halb leeren Kleiderschrank. Der Rest ihrer Kleidung befindet sich ja schon auf dem Weg nach Monaco. Aber schließlich kann es doch noch ein netter Abend beim Italiener werden. Neben guten Ratschlägen, was wir in den einzelnen Städten keinesfalls versäumen dürfen – außer in Barcelona war bisher noch niemand in den Städten unserer bevorstehenden Kreuzfahrt – wünscht man uns alles Gute und eine gesunde

Rückkehr, und Oma drückt uns noch einen Geldschein in die Hand: „Damit ihr euch unterwegs was Vernünftiges zum Essen kaufen könnt." Sollte das bei einer Kreuzfahrt wirklich nötig sein? Es wird spät, aber voller Vorfreude fallen wir schließlich in unsere Kissen.

Auto – Flugzeug – Bus – Schiff

7 Uhr 55. „Gehen wir doch schon mal runter!" Meine Frau kann es gar nicht erwarten. Jede Minute müsste unser Taxifahrer klingeln! Aber wir warten das lieber nicht ab und ziehen unseren kleinen Rollkoffer, zusätzlich beladen mit der Reisetasche, hinter uns her bis vor die Haustüre. Und da steht auch schon ein Kombi vor der Türe, aus dem gerade der Fahrer aussteigt und auf uns zukommt: „Herr und Frau Alt?" Na, wer sonst kommt mit Gepäck bewaffnet genau jetzt aus der Tür?? Gepäck einladen, und wir nehmen beide im Fond Platz. Nachdem unser Fahrer ja genau weiß, wo es hingehen soll, fällt die Unterhaltung mit ihm recht spärlich aus. In alter Gewohnheit überprüfen wir noch einmal, ob wir auch alle Papiere für unseren großen Ausflug dabeihaben: Für den Flug nach Nizza haben wir eigentlich gar nichts dabei – außer unsere Reisepässe; das sollte aber auch genügen. Eingecheckt haben wir uns schon gestern per Computer, denn schließlich wollen wir auf dem kurzen Flug wenigstens etwas von den Bergen se-

hen können. Einen Platz neben einem Fenster und den Nebenplatz konnten wir da schon mal online reservieren. Für das Schiff brauchen wir unsere Einschiffungspapiere und wieder die Pässe. „Die Papiere habe ich in meiner Fototasche!", stelle ich nach einem Kontrollblick fest. „Und die Bahnkarten für die Rückfahrt von Bremerhaven?", drängt mich meine Gattin. Aber die habe ich in der Reisetasche verstaut, denn so schnell brauchen wir sie ja noch nicht. Und die Reisetasche ist im Gepäckraum unseres Taxis. Also bleibt nur zu hoffen, dass die Tickets auch dabei sind.

Inzwischen nähern wir uns dem Autobahnring um München. Es ist halb 9 Uhr, und der Geschäftsverkehr scheint noch in vollem Gange zu sein. Vor dem Allacher Tunnel ist erst mal Stillstand. Aber auch total; es geht für ein paar Minuten gar nichts mehr. In meinem Kopf beginnt der Rechenapparat zu surren: 10 Uhr 55 geht unser Flieger. Zwei Stunden vorher sollten wir am Flughafen sein, hieß es. Also 8 Uhr 55 Ankunft am Franz-Josef-Strauß-Airport, denn unser kleines Gepäck – also den blauen Koffer – müssen wir aufgeben und dann noch durch die Sicherheitskontrolle, was garantiert auch etwas Zeit kosten wird. Und im gesicherten Bereich wollen wir noch zwei Fläschchen mit Getränken kaufen, denn an Bord gibt es heutzutage ja nichts mehr auf diesen Kurzstreckenflügen. Jetzt haben wir noch eine knappe halbe Stunde Zeit bis zum Flughafen! Daher sollte es hier bitte bald weitergehen!!

Aus 8 Uhr 55 ist 9 Uhr 10 geworden; auch kein Beinbruch. Beim Gepäckaufgeben stehen die gewohnten Schlangen, aber es sind doch viele Schalter geöffnet, so dass wir in weniger als einer halben Stunde kofferlos sind. Nur die Reisetasche und der Fotoapparat werden uns in die Kabine begleiten. Bleibt noch die Sicherheitskontrolle. Aber was ist das? Diesmal steht dort nur eine einzige Person vor uns! Trotzdem dauert die Prozedur: Jacken ausziehen, Hosengürtel entfernen, Schlüssel und Geldbörse in die Wanne, Uhr ablegen und durch den Scanner. Piep! Nanu, hat mein Goldzahn gepiepst? Per Handscanner werde ich von allen Seiten durchleuchtet: in meiner linken Hosentasche ist noch etwas Verdächtiges! Ich zerre das Taschentuch heraus und – ein Brillenputztuch, das in einer metallisierten Tüte eingeschweißt ist! Ok, ich darf weitergehen und mir meine Siebensachen wieder aneignen.

Bei Traudl ist es ähnlich. Sie hat alles aus den Taschen geräumt, und trotzdem piepst es auch bei ihr. Die herbeigerufene Sicherheitsbeamtin unternimmt eine Leibesvisitation bei meiner Frau, kann aber nichts finden. Dann zeigt sie auf die Schuhe. Die Metallösen haben wohl den Alarm ausgelöst! Also nochmal ohne Schuhe durch den Scanner, und da bleibt er stumm. Ok, wir dürfen beide weiter.

> **Mein Tipp**
> *Bei Billigflügen sind **Getränke** oft nicht im **Preis** enthalten und daher teuer! Decken Sie sich lieber nach der Sicherheitsschleuse mit ausreichend Getränken für den Flug ein!*

Zwei Flaschen mit Wasser und Cola light kommen in unsere Reisetasche, und das zu horrenden Preisen. Aber in der trockenen Luft der Flugzeugkabine wollen wir später nicht verdursten. Durch die Scheiben im Wartebereich beobachten wir, wie unsere Maschine an einer Gangway andockt und kurz darauf die ersten Passagiere aussteigen. Pünktlich sind dann auch wir dran und dürfen in die fliegende Ölsardinendose einsteigen.

Der Flug ist ruhig und unspektakulär, der Ausblick auf die noch schneebedeckten Hochalpen dagegen phantastisch! Erst gegen Ende des Flugs werden die Berge grün und einige verlassene Wölkchen liegen wie Wattetupfer auf ihnen. Aber eine Überraschung gibt es doch: Obwohl der Flug gerade mal eine Stunde dauert, werden uns ein Snack (Salami oder Thunfisch?) und ein Getränk (natürlich für uns Tomatensaft) gereicht. Es lohnt sich also doch, mit dem Kranich zu fliegen!

Die Sonne empfängt uns in Nizza. Und eine türkisgekleidete Dame, die dadurch unschwer als Mitarbeiterin unseres Reiseunternehmens Phoenix zu erkennen ist. „Der Bus steht gleich rechts neben dem Eingang!", erläutert sie uns, nachdem wir erst mal freundlich begrüßt wurden. Wir sitzen dann aber eine halbe Stunde im Bus, denn der muss auch noch auf einige Passagiere von einem Flug aus der Mitte Deutschlands warten. Dann sind wir komplett. Es ist 13 Uhr vorbei; ab 16 Uhr können wir angeblich auf dem Schiff einchecken. Was tun wir also während der nächsten drei Stunden? Eine Stadtrundfahrt? Einfach nur rumstehen und warten? Die türkise Dame greift zum Busmikrofon: „Ich habe uns auf der MS Albatros schon angekündigt. Sie können, sobald wir in Monaco sind, sofort einchecken und an Bord gehen!" Na, das ist mal ein Wort! Applaus! Nach dem frühen Aufstehen heute Morgen und der Anreise sind wir und anscheinend auch viele Mitreisende erst mal froh, dass wir uns bald an Bord frisch machen können. Und neugierig auf das Schiff sind wir auch, denn mit der Albatros waren wir bisher noch nie unterwegs.

Eine halbe Stunde kurven wir nun auf der Riviera-Küstenstraße entlang nach Monte Carlo und dort – durch für unseren langen Bus eigentlich viel zu schmale Straßen – direkt zum Hafen. Und da liegt sie im Sonnenschein: unsere MS Albatros, gleich neben den Luxusyachten der Schönen und Reichen direkt im Stadthafen.

Schiff ahoi

Vor dem Vergnügen kommt die Arbeit. Im schmalen, aber dafür langen Hafengebäude wartet ein großes Aufgebot an türkisweißen Helfern. Äußerst freundlich, aber mit professioneller Routine wird unsere Busbesatzung auf die einzelnen Abfertigungsplätze verteilt, so dass auch wir nur wenige Minuten warten müssen, bis wir an der Reihe sind. Einschiffungspapiere und Reisepass, mehr will die emsige Dame erst mal gar nicht von uns haben. Da ihr Kontrollblick in die Unterlagen offensichtlich zu ihrer Zufriedenheit ausgefallen ist, dürfen wir nun in die kleine Webcam auf der Theke zwischen uns lächeln. Na, ob das was wird?

Direkt hinter mir ist eine große Fensterfront, durch die die Sonne freundlich hereinscheint. Das kann ja nur ein Schwarzweißbild á la Scherenschnitt meines Kopfes ergeben! Die Rezeptionistin drückt noch ein-, zweimal auf den Auslöser, zuckt kurz mit den Schultern, und bittet dann meine Frau vor die Linse. Auch hier die gleiche, fast schon entschuldigende Geste. Eine halbe Minute später reicht sie uns die soeben erstellten Bordkarten. Zum Glück wollen wir mit dem Foto darauf weder eine Schönheitskonkurrenz gewinnen, noch uns um einen Job bewerben. Nur bei genauerem Hinschauen ist doch ein Unterschied zwischen unseren Abbildern zu erkennen. Die Pässe werden einbehalten; damit muss das Schiffsmanifest erstellt werden. „Was ist das denn?", frage ich vorsichtshalber die Dame gegenüber, denn mit seinen persönlichen Daten sollte man ja besonnen umgehen. „Im Schiffsmanifest", so werden wir aufgeklärt, „muss alles festgehalten werden, was sich an Bord befindet – einschließlich aller Besatzungsmitglieder und Passagiere. Diese Unterlagen werden beim Einklarieren in den Häfen benötigt und ersparen meistens eine persönliche Vorstellung der Ausflügler bei den Einwanderungsbehörden." Dank dieser Vorbereitung sollen wir in den Häfen schneller von Bord gehen können, ergänzt sie noch.

Ausgerüstet mit einem kleinen Deckplan, auf dem unsere gebuchte Kabine 5112 eingekringelt ist, werden wir weitergeschickt – zum Willkommensfoto. Diesmal aber in der richtigen Beleuchtung, schießt der Bordfotograf schnell zwei Fotos von uns vor einer Südseestrandtapete. „Ich glaube, wir gehen auf das falsche Schiff!? Eigentlich wollten wir gar nicht bis in die Südsee!", stellt Traudl fest. Nach kurzer Überlegung widerspreche ich ihr dann aber doch: „Warum eigentlich nicht? Ich könnte mir das auch ganz reizvoll vorstellen."

Endlich dürfen wir an Bord gehen! Es ist doch die MS Albatros – also nichts wars mit Südsee; es bleibt bei ‚Rund um Westeuropa'! Beim Betreten des Dampfers werden unsere Bordkarten gescannt, und damit sind wir nun endlich wieder einmal auf einem Schiff.

Nach einer kurzen Begrüßung mit Händedruck durch den Kreuzfahrtdirektor können wir uns auf die Suche nach unserer Kabine machen. Die Albatros kennen wir bisher noch nicht, so dass wir uns erst ein paar Mal im Kreise drehen, bis wir die Orientierung erlangt haben. Wir sind auf Deck 5 an Bord gekommen, und wir wohnen auf Deck 5, das stimmt also schon mal. Steuerbord oder Backbord, das muss nun noch geklärt werden. „Steuerbord, im Heckbereich!", gebe ich Traudl zu verstehen. Also einfach links den schier endlosen Flur entlang, dann folgt ein kleiner Knick nach rechts und schon stehen wir vor einem kleinen, rund zwei Meter langen Querflur mit zwei Türen, eine mit der Nummer 5112. „Wo sind unsere Koffer?", fragen wir uns nahezu gleichzeitig. „Mach erst mal die Tür auf, vielleicht haben sie die diesmal in die Kabine gestellt!" Ich folge Traudls Rat und halte die Bordkarte an die Türklinke, ein grünes Lämpchen leuchtet auf und die Klinke lässt sich herunterdrücken.

Das ist also unser Zuhause für die nächsten 17 Tage! Die Kabine ist länglich und am Eingang ziemlich schmal, denn die Schränke brauchen hier den meisten Platz. Hinter der Eingangstür ist die Nasszelle. Aha, deshalb gab es den kleinen Quergang, sonst hätten wir mitten durch das Bad in die Kabine gehen müssen! Hinter den Schränken wird die Kabine weiter und bietet dort Platz für je ein Sofa an der rechten Seite, also quer zur Schiffsrichtung, und eines vor dem Fenster in Längsrichtung. Dazu kommen noch ein Schreibtisch, ein runder Glastisch, ein Sessel und ein Hocker – alles in ‚handlicher' Größe – ein Kühlschrank, ein Telefon, ein Fernseher und ein großer Spiegel. Auf dem Schreibtisch stehen zwei Wasserflaschen und auf dem runden Tischchen ein Schale mit Obst. Aber wo sind unsere Koffer?? „Wir sind doch viel früher aufs Schiff gekommen als vorgesehen! Die offizielle Einschiffungszeit beginnt doch erst in einer Stunde. Dann werden die Koffer schon noch kommen…" versuche ich Traudls Sorgen erst mal zu entkräften. Aber schon während wir noch die Unterlagen in der Kabine studieren, rumpelt es vor der Tür. Und wirklich, in der Zwischenzeit hat sich schon mal einer der beiden Koffer vor der Kabinentür eingefunden. „Wo ist der zweite?" Und schon zeigt sich wieder eine Sorgenfalte auf Traudls Stirn. Vorsichtshalber gehe ich mal den Flur entlang, vielleicht steht er ja vor einer anderen Tür.

Aber da sehe ich schon einen großen Berg an Koffern neben der Schiffsluke, durch die wir die Albatros betreten hatten, im Gang liegen. Es besteht also noch Hoffnung! Mit dieser Information gehe ich zurück zu unserer Kabine und stolpere fast über einen dunkelbraunen Koffer vor unserer Tür, allerdings ohne irgendeinen Anhänger, der den Eigentümer oder gar die Kabinennummer verraten könnten. Ich schnappe mir den Koffer und quetsche mich mit ihm durch herumstehende Koffer, suchende Passagiere und Besatzungsmitglieder, die sich um die Zuordnung der Gepäckstücke bemühen, zur Rezeption. Dort deponiere ich den Koffer mit dem Hinweis, dass er uns nicht gehört, und mache mich auf den Rückweg zur Kabine. Und dort leuchtet mir schon ein weiterer roter Koffer vor der Tür entgegen. Traudl kann sich entspannen. „Gute Neuigkeiten: Wir sind komplett!", freue ich mich auch ein bisschen.

> **Mein Tipp** *Sollte mal ein Gepäckstück nicht mit Ihnen zusammen an Bord gekommen sein, melden Sie sich unbedingt* **vor dem Auslaufen** *an der Rezeption. Dann kann man Ihnen meist noch schneller helfen.*

Leinen los!

Meine Kabinengenossin hat inzwischen die Unterlagen genauer studiert, die in unserer Kabine liegen. „Wir haben

den Tisch 22 ..." Weil ich sie erst mal etwas ratlos an-
schaue, ergänzt sie nach einer kleinen Kunstpause: „... im
Restaurant Möwe! Hier gibt es eine feste Sitzordnung und
keine freie Platzwahl wie auf der Artania." Na ja, das kann
auch Vorteile haben. Durch den ständigen Wechsel der Tische und damit auch der Tischnachbarn sind wir mit niemandem so richtig ins Gespräch gekommen. ‚Adressen
austauschen' war nicht! Dafür konnten wir öfter einen
Fensterplatz ergattern. Auch war es eine ganz nette Abwechslung, uns mal im einen und mal im anderen Restaurant bedienen zu lassen. Das Essenangebot ist zwar überall
das gleiche, aber die Ausstattung beider Lokale ist doch
etwas unterschiedlich. „Dann lassen wir uns mal überra-
schen, welche Tischnachbarn wir bekommen werden", be-
merke ich, nicht ohne eine gewisse Besorgnis, ob die Zu-
losung der Mitesser auch ein Gewinn für die Reise sein
wird. Auf unserer allerersten Kreuzfahrt – unser Sohn war
gerade ein Jahr alt geworden und durfte bei den Großeltern
bleiben – hatten wir auch feste Tischnachbarn; wir waren
Beide gerade um die 30 Jahre alt und hatten zwei rüstige
Rentnerinnen mit an unserem Tisch. Dass das nicht immer
zu fruchtbaren Gesprächen geführt hat, kann man sich gut
vorstellen. Also warten wir ab, in zwei Stunden werden
wir es ja sehen.

Während wir noch die Angebote des Spas und des Beauty-
Salons studieren (Haben wir das denn nötig?), ertönt die
uns schon vertraute Durchsage: die Rettungsübung ist fäl-
lig! Wie immer, sollte noch vor dem ersten Ablegen das

vorgeschriebene Sicherheitstraining durchgeführt werden. Sieben kurze ‚Tuut‘ werden das Startsignal geben, und dann sollten wir uns die Rettungswesten schnappen und zudem Bescheid wissen, wo unser Sammelpunkt ist. „Schau doch mal auf den Plan an unserer Tür!", bitte ich Traudl, da sie sowieso gerade auf dem Weg in unsere Nasszelle ist, um unsere Kulturbeutel irgendwo unterzubringen. „Atlantik-Show-Lounge, Sammelpunkt B. Und wir gehören zur Mannschaft von Rettungsboot 11." Dann ist sie auch schon im Bad verschwunden. Ich durchforste kurz die Kleiderschränke auf der Suche nach den roten Rettungswesten. Da sind sie schon mal nicht. Neben dem Sofa am Fenster werde ich dann fündig: In einer hölzernen Truhe, in der auch das Bettzeug untergebracht ist, leuchtet es mir orange entgegen: zwei Westen mit diversen Anhängseln, einer Trillerpfeife, einem Lämpchen und einem langen Gurt.

Kaum ist Traudl wieder aufgetaucht, als auch schon die sieben Töne durch das Schiff hallen. Von unserer letzten Reise wissen wir noch, dass man uns in festem Schuhwerk und in einer möglichst warmen Jacke erwartet. Der Kapitän hat auf der Reise vor einem Jahr einige Passagiere während der Rettungsübung extra darauf hingewiesen. Und wir wollen ja nicht als Kreuzfahrtneulinge abgestempelt werden! „Zur Atlantik-Show-Lounge müssen wir nur die kleine Treppe schräg gegenüber unserer Kabine ein Deck nach oben auf das Salondeck und nebenan gleich wieder ins Innere. Dann sind wir auch schon in der

Lounge", gebe ich die Richtung vor, so wie ich sie aus unserem kleinen Deckplan entnehmen kann. Gesagt, getan. Auf diese Weise können wir sogar dem schon sehr dichten Menschenstrom entgehen, der sich über die langen Flure zum Haupttreppenaufgang wälzt.

Nachdem unsere Anwesenheit festgehalten wurde, dürfen wir in den weichen Sesseln Platz nehmen und bekommen gezeigt, wie die Rettungswesten anzulegen sind. Wie im Flugzeug hampeln einige Vorturner auf der Bühne des Theaters herum, damit auch jeder Passagier die Handgriffe zum richtigen Verzurren der Westen versteht. Dann sind wir dran und stülpen uns die sperrigen Geräte über. Da weiter vorne auch ein paar Kinder an der Übung teilnehmen, werden noch schnell aus dem Hintergrund Kinderwesten herbeigeholt. Dann geht es hinauf auf das Promenadendeck bis zu der Stelle, an der über uns das Rettungsboot mit der Nummer 11 hängt. Schön in mehreren Reihen aufgestellt, warten wir nun auf den Kapitän, der mit seinem Sicherheitsoffizier unsere Aufstellung abnehmen wird. In der Zwischenzeit genießen wir noch die Sonne und den herrlichen Blick auf das Meer vor Monaco. Nur sind wir dafür eigentlich viel zu dick mit unseren Anoraks angezogen. Und endlich halten einige der Passagiere ihre

> **Mein Tipp** *Bleiben Sie zunächst in Ihrer Kabine und warten Sie auf die* **Sicherheitsübung**, *bevor Sie das ganze Schiff inspizieren! Und suchen Sie ruhig schon mal die Rettungswesten.*

Fotoapparate hoch über die Köpfe, um eine freie Schuss-
bahn auf den Kapitän zu bekommen, der nicht gerade zu
den größten der Offiziere gehört. Natürlich nur in körper-
licher Hinsicht, an seinen nautischen Fähigkeiten will ich
selbstverständlich nicht zweifeln, schließlich hat er schon
eine sehr langjährige Erfahrung in seinem Metier!! Vor
unserer Gruppe bleibt Kapitän Hansen kurz stehen und in-
spiziert zumindest die Vornestehenden. Ein kurzer Griff
an den Gurt eines Herrn, der wohl etwas zu locker ist (der
Gurt), und ein leichtes Kopfschütteln zu einer Dame, die
doch glatt in Flipflops aufgelaufen ist. Dann ein knapper
Gruß und die Prozedur ist zu Ende; man schickt uns wieder in die Kabinen.

Was vor einer halben Stunde die sieben kurzen Töne aus
dem Schiffshorn waren, sind jetzt die drei langen Signale:
Wir legen ab! „Aber wir haben morgen doch noch einen
Ausflug in Monte Carlo!?", wundert sich meine Frau. Ein
Blick in das Tagesprogramm verrät uns aber schnell, wie
das ganze abläuft. „Wir verlassen heute den geschützten
Hafen und gehen vor Monaco auf Reede. Morgen werden
wir dann für die Ausflüge ausgebootet. Wahrscheinlich ist
das billiger als zwei Tage im Stadthafen an der Pier zu liegen!", interpretiere ich die Informationen aus dem Programm. „Also dann nichts wie raus, ich will die Ausfahrt
doch miterleben!" Und schon sind wir wieder über unsere
kleine Treppe auf dem Salondeck angekommen; gerade
noch rechtzeitig, um das Lösen der letzten Trosse mitzuerleben.

Erstes Beschnuppern

Unter den Klängen von Vangelis steuert unsere Albatros aus dem Hafen. Und unter den Klängen unseres Kreuzfahrtdirektors, ebenfalls über die Lautsprecher verbreitet, werden wir zum Abendessen in die Restaurants gebeten. Das Restaurant Möwe haben wir vorhin nach der Rettungsübung schon einmal passiert, wir finden also problemlos dorthin. Am Eingang werden wir erst mal von einem Streifenhörnchen abgefangen. Streifenhörnchen? Wer noch nie mit uns auf einer Kreuzfahrt war, dem muss ich das kurz erklären; alle anderen können getrost bis zum Beginn des nächsten Absatzes überspringen! An Bord gibt es drei Arten von Besatzungsmitgliedern. Ganz unten, also im Schiffsbauch und nur selten zwischen den Passagieren zu entdecken, arbeitet die Crew im Maschinenraum, auf dem Mooringdeck, im Lager und in den verschiedenen handwerklichen Gewerken, die für allerlei Reparaturen an Bord verantwortlich sind. Die Verbindung zum Passagierbereich stellen die Angestellten in den Restaurants, Bars und im Showbereich dar. Organisatorisch untersteht die gesamte Besatzung den Offizieren, die an ihren schmucken Uniformen mit den bewussten Streifen an den Schulterklappen oder am Ärmel erkennbar sind. Je mehr Streifen, um so höher ist der Rang des Offiziers. So hat der Kapitän immer vier breite Streifen, ebenso wie der Hoteldirektor, jeweils ergänzt um ein Symbol; beim Kapitän ist es meist eine Raute. Kurz und gut: alle, die etwas zu sagen haben, tragen diese markanten Streifen und wurden daher von uns ‚Streifenhörnchen' getauft.

Das Hörnchen am Restauranteingang weist uns zunächst auf die Pflicht hin, vor dem Betreten eines Restaurants immer die Hände zu desinfizieren. Dazu sind an den Eingängen kleine Sprühautomaten, in die wir unsere Hände stecken sollen. Dann geleitet uns der Offizier zu unserem Tisch Nummer 22. Es ist ein Achtertisch in zweiter Reihe, an dem bereits ein Paar sitzt. Wir grüßen zunächst mal nur kurz und setzen uns gegenüber. Es dauert nicht lange, bis auch die anderen Stühle besetzt sind. Noch ein Pärchen kommt dazu, und dann zwei gesetztere Damen, die die Reise zusammen unternehmen. Eine davon wird nun meine Tischnachbarin rechts von mir, denn Traudl sitzt zu meiner Linken. Kaum ist der Tisch vollständig, bringt uns ein Ober die Speisekarten. Wie üblich bei diesem Unternehmen, haben wir die Qual der Wahl aus drei Vorspeisen, zwei Zwischengängen, mehreren Hauptgängen und diversen Desserts. Aber eine Besonderheit gibt es dennoch, was es auf der MS Artania in der Ostsee so nicht gab: ein Salatbuffet! Für uns ist das ideal, denn wir sind beide versessen auf Salate. Wenn uns zuhause jemand bei der Zubereitung unseres Salats zuschaut kommt häufig die Frage, wie viele Gäste wir noch erwarten. Nur hier an Bord, wo sollen wir da noch zwischen den vielen Gängen einen Salat unterbringen? Es wird sich aber zeigen, dass das absolut kein Problem sein wird; wir können ja auf den einen oder anderen Zwischengang verzichten! Während wir noch mit der Auswahl kämpfen, fragt eine Stewardess nach unseren Getränkewünschen. Alles außer dem Tagesangebot an Saft und je einer Sorte Rot- und Weißwein sowie Tafelwasser wird dem Bordkonto belastet; allerdings zu recht zivilen Preisen.

Sobald die Bestellungen aufgegeben sind, stehe ich auf und entschuldige mich: „Ich schau mir mal den Salat an!" Eigentlich würde das Angebot an der Salatbar schon völlig ausreichen; es gibt nicht nur Rohkost mit diversen Dressings, sondern auch mehrere fertig komponierte Salate. Als ich mit meinem Teller zum Tisch zurückkomme, schauen alle neidvoll auf meine bunte Auswahl. Nun sind die Frauen dran: vier der fünf Damen wollen es mir sofort nachmachen! Und damit ist das erste Tischgespräch schon klar und das große Schweigen, das bis dahin geherrscht hatte, endgültig gebrochen. „Wie sind Sie hergekommen?", „Welchen Ausflug machen Sie morgen?", „Waren Sie schon mal auf diesem Schiff?" Das bestellte Essen wird zügig serviert und schmeckt sehr gut, wird aber nun erst mal zur Nebensache. Und als ich nach dem Hauptgang nochmal zum Salatbuffet gehe, fällt das auch niemandem mehr auf – außer meiner Frau. „Bist du nicht satt geworden?" Diese Frage übergehe ich einfach mal, denn mit vollem Mund soll man ja auch nicht sprechen!

Während des Nachtisches ziehe ich das Tagesprogramm aus meiner Tasche, denn es geht auf halb 9 Uhr zu, und in Kürze beginnt die Abendunterhaltung. „Heute stellt sich das Show-Ensemble vor. Auf dem Promenadendeck in

Harry's Bar, aber erst um 21 Uhr 45", lese ich der Tischrunde vor. „Gibt es heute keinen Kapitänsempfang?", höre
ich von zwei Seiten fast gleichzeitig. Aber der ist erst für
morgen angekündigt. Vermutlich hat dann die Schiffbe-
satzung mehr Zeit, um sich vorzustellen. Denn heute geht
es ja noch auf Reede, und dabei ist immer eine höhere Be-
reitschaft erforderlich als auf einer normalen Fahrroute,
bei der auch mal der zweite Offizier das Ruder überneh-
men kann.

Der halbe Tisch gibt allerdings an, zu müde von der Anreise zu sein, um noch so spät in die Bar zu gehen.
Traudl und ich entschließen uns aber doch, den Damen
des Balletts einen Besuch abzustatten. Bis dahin werden wir noch eine Runde auf dem Promenadendeck drehen. Als wir ins Freie treten stellen wir fest, dass sich unser Schiff gar nicht mehr be-wegt. Wir liegen wohl schon

Mein Tipp *Sollten Sie eine Reise gebucht haben, bei der es eine **feste Platzzuteilung** im Restaurant gibt, dann kann die Tischrunde auch mal nicht so optimal sein. Wenden Sie sich dann an den Hotelmanager, man kann Sie auch umsetzen!*

vor Anker. Ein Stück hinter uns strahlt der fürstliche Palast
zu uns herüber und etwas näher können wir einen kleinen
Sportboothafen ausmachen. Besonders bunt ist eine Art
Zirkuszelt in Hafennähe beleuchtet. „Da findet alljährlich

das Zirkusfestival von Monaco statt!", erklärt uns ein Mitreisender, der neben uns an der Reling lehnt und unser Rätselraten, was das sein könnte, mitangehört hat.

„Jetzt wird es aber Zeit für Harry's Bar!", dränge ich Traudl ins schummrig beleuchtete Innere. Dort sind schon alle Sitzplätze belegt, und daher stellen wir uns an eine der Säulen im Hintergrund. Mit einem Tusch gehen die bunten Scheinwerfer über der kleinen Bühne an.

Unruhige Nacht

Vier junge Tänzerinnen schwingen ihre langen Beine, und bei einigen Musikstücken singen sie auch zu den Schlagern aus unserer Jugendzeit. Das ganze Programm ist also auf die Mehrheit der Kreuzfahrtteilnehmer abgestimmt, denn wir liegen altersmäßig eher noch knapp unter dem Durchschnitt. Nach einer Dreiviertelstunde ist die Vorstellung vorbei und wird mit viel Beifall bedacht. Das Ganze soll wohl Lust auf mehr machen, denn in den kommenden Tagen werden die Tänzerinnen fast jeden Abend auf der Bühne stehen; dann aber in der großen Atlantik-Show-Lounge und mit ganz unterschiedlichen Programmen.

Da wir Beide nur einen Stehplatz ergattert haben, konnten wir auch keine Getränke bestellen. Aber jetzt haben wir richtig Durst bekommen. „In der Kabine stehen doch die Flaschen mit Sprudelwasser!", erinnere ich mich, und da auch Traudl keine höheren Ansprüche stellt, verkriechen

wir uns in unsere 15 Quadratmeter auf dem Oriondeck.
Nach dem Abendtrunk reicht es uns dann auch für heute.
Mal sehen, wie es sich in den Schiffskojen schlafen lässt.
Schlafen? Etwas klappert ständig und unüberhörbar! Also
nochmal aufstehen und die Ursache suchen: Die Badtür ist
es nicht, es kommt doch aus der Kabine. Die Schranktüren
sind es aber auch nicht. Es kommt von oben! Die Decken-
verkleidungen scheinen alle fest zu sitzen; es klappert in
der Klimaanlage! „Hast du etwas, was ich in den schmalen
Schlitz des Lüftungsgitters stecken kann?", frage ich
Traudl, während ich auf dem Hocker balanciere. Nach einem suchenden Blick reicht sie mir eines der Handtücher,
das ich in den Schlitz stopfe. Das Geräusch ist nun zwar
nicht weg, aber doch immerhin so gedämpft, dass wir einen neuen Anlauf zum Schlafen unternehmen.

~.~

Musik! Wo kommt die Musik her? Eine erst leise, dann
aber immer lauter werdende Melodie, begleitet von Vogel-
gezwitscher, klingt durch unsere Kabine. Und dazu scheint
ein schmaler Sonnenstrahl durch unser Fenster. Aha, es ist
schon Morgen! Die Musik ist dann schnell geortet: Sie
kommt aus dem Lautsprecher, den ich gestern Abend nicht
ganz ausgeschaltet habe. „Dann müsste es jetzt 7 Uhr
sein!", meint Traudl, denn es sei im Tagesprogramm ge-
standen, dass zu dieser Zeit die Weckmusik für die Früh-
aufsteher übertragen werde – sofern man den Kanal 1 am
Abend eingestellt ließe. Und daran hatte ich eben nicht ge-

dacht und den Apparat auch nicht ausgemacht. Im Hintergrund ist zudem immer noch das leise Klappern unserer Klimaanlage zu vernehmen. Zum Glück hat es uns während der Nacht dann doch nicht gestört.

In unserer Nasszelle befindet sich sogar eine Badewanne mit integrierter Dusche. Damit ist die Morgentoilette schnell erledigt, aber die Sucherei nach der Wäsche geht jetzt erst los. Traudl hat ja alles schön aus den Koffern ausgepackt und verräumt, nur finden muss ich meine Kleidung jetzt erst mal alleine, denn inzwischen ist meine Frau im Bad. Schließlich bin ich ausgehfertig und studiere das Tagesprogramm noch einmal bis auch Traudl in den Startlöchern steht. Sie hat die Rundfahrt an den Hängen der französischen Riviera gebucht, und ich will in das Bergdorf Èze. Mein Ausflug beginnt eine halbe Stunde früher, aber bis dahin ist noch genügend Zeit für ein ausgiebiges Frühstück. So hatten wir es zumindest geplant. Denn just in dem Moment, als wir die Kabine verlassen wollen, klingt die Stimme unseres Kreuzfahrtdirektors aus den Lautsprechern im ganzen Schiff: „Eine Information für alle Passagiere, die die Rundfahrt ‚Französische Riviera‘ gebucht haben: Wegen Bauarbeiten an der Corniche kann das Nobelhotel Vista nicht mit dem Bus angefahren werden. Der Ausflug wird daher leider storniert. Auf Wunsch können sie im Bordreisebüro noch auf einen der anderen Ausflüge umbuchen."

„Also fahre ich doch mit nach Èze." Spontan hat meine Frau ihre Pläne eines Ausflugs ohne mich über den Haufen geworfen! „Dann aber schnell ins Reisebüro, solange noch ein Platz im Bus ist!" Das Büro ist auf unserer Ebene, und statt zum Frühstück marschieren wir zum Rezeptionsbereich. Nur eine Person steht dort schon an, und bald können wir unseren Wunsch äußern. „Kein Problem, ich drucke Ihnen gleich Ihr neues Ticket aus. – Einen schönen Ausflug!"

„Wenn ich schon hier bin, dann melde ich noch das Geklapper an der Rezeption", bremse ich Traudl ab, die sich schon auf den Weg zum Restaurant Möwe machen will. Am Nachbarschalter schildere ich kurz die Situation in unserer Kabine und sofort wird mir eine Abhilfe im Laufe des Tages versprochen.

So, jetzt wird es aber mit dem Frühstück doch etwas knapp. Als wir im Restaurant ankommen, sitzen unsere Tischnachbarn schon alle an der Tafel und genießen ihren Kaffee oder Tee. Wir erklären kurz unsere Verspätung und erfahren, dass die beiden Damen zu meiner Rechten auch die ‚Französische Riviera' gebucht hatten, aber nun den Ausflug einfach ausfallen ließen. Die beiden anderen Paare hatten eh andere Ausflüge gebucht.

Das Buffet ist sehr einladend und hält alles bereit, was man sich so zum Frühstück vorstellen kann: x Milchsorten und Säfte in großer Auswahl, Cerealien, Wurst, Fisch, Käse, Obst, Eier und Speck, und natürlich ein großer Tisch mit Broten, Kuchen und Gebäck. Wir bedienen uns wie immer zum Frühstück an der Tee-Bar und finden sogar einen ‚Earl Grey', meinen Lieblingstee. In einer halben Stunde verdrücken wir dann doch genügend bei mehreren Gängen zum Buffet, um vermutlich sogar bis zum Abendessen überleben zu können. Aber wenn unser Ausflug pünktlich zurückkommen wird, dann steht uns ja auch noch das Mittagessen bevor! Als erste verabschieden wir uns von der Tischrunde, denn noch haben wir nicht unsere Ausrüstung für den Ausflug dabei und müssen erst nochmal in die Kabine, um den Fotoapparat und eine Wasserflasche zu holen. Und wenn wir schon die Wanderschuhe dabeihaben, ziehen wir sie auch an.

Hoch hinaus

Der Weg zur Show-Lounge ist kurz. Einmal um die Ecke, eine Treppe hinauf und rechts um. „Halt, da kommst du doch auf die Bühne!", bremst mich Traudl in meinem Rechtsdrall. „Erst aufs Außendeck und dann wieder rechts um in die Lounge!" Stimmt ja, die ‚Abkürzung' führt ja über den Umweg außen herum. Wir sind nicht die Ersten. Obwohl wir auch noch ein paar Minuten zu früh dran sind, hat sich der Saal schon gut gefüllt; zumindest an der Seite, von der wir eintreten.

„Wer hat den Ausflug 54408 nach Èze gebucht? Bitte holen Sie sich jetzt Ihr Buskärtchen ab!", haucht eine der Reiseleiterinnen in ihr Mikrofon. Da wir auf Grund der Seitentür, die wir benutzt haben, gleich am Anfang der Schlange stehen, gehören wir schon zu den ersten Gästen, die ihren Ausflugsgutschein gegen eine Busnummer umtauschen können. Das unüberhörbare Gemurmel hinter uns über „Vordrängler", „können sich nicht hinten anstellen" und so weiter überhören wir mal geflissentlich. Aber irgendwie haben wir dann doch ein schlechtes Gewissen und geloben zumindest uns gegenseitig Besserung. „Bus Nummer 1", instruiert uns der blonde Engel in türkiser Robe beim Aushändigen der Kärtchen. Als ob das irgendwie übersehen werden könnte, bei der riesigen ‚1' auf der Buskarte.

Als genügend Leute für diesen Bus zusammengekommen sind, geht es auch schon los. Ein junger Mann, ebenfalls in den Bordfarben, geht uns voran und trägt eine Tafel mit der bewussten Zahl darauf vor sich her. Über den Ausgang auf unserem Deck werden wir zum Tenderboot geleitet, das neben der Albatros an einer kleinen Plattform festgemacht hat. So praktisch wie gestern im Hafen ist heute der Landgang nicht, schließlich liegen wir etwa einen Kilometer vom Anleger im Sporthafen von Monte Carlo entfernt auf Reede. Aber auch das Geschaukel in dem 100 Mann (und Frau) fassenden Rettungsboot haben wir bald überstanden und klettern schließlich an Land. Acht Busse warten dort bereits auf die Ausflügler, die die Tenderboote nacheinander herüberbringen.

Unser Tafelmännchen geleitet uns zu Bus Nummer – ja welche denn nur? – und wir dürfen einsteigen, aber nicht ohne das Kärtchen am Einstieg schon wieder abzugeben. Nach ein paar Minuten sind wir komplett und schon auf dem Weg durch die hier nicht mehr so engen Straßen und fast immer nur bergan, immer höher in die Berge der Seealpen. Dabei fahren wir an vielen Villen der Schönen und Reichen vorbei, die sich Monaco als angemessenes Domizil ausgesucht haben. Schließlich nimmt die Bebauung ab und die Begrünung dafür zu, und nach rund 20 Minuten kurvt unser Fahrer in einen Parkplatz ein. Wir sind in Èze. Aber wo ist der Ort?? Rund um den Parkplatz sind zwar einige Kioske und diverse kleinere Läden, aber das soll einen Ausflug wert sein?

Erst nachdem wir aussteigen merken wir, dass wir am Fuß eines recht steilen Hügels stehen, und von oben herab leuchten ein Burgturm und einige Häuser in der Sonne zu uns herunter. „Wir müssen den Aufstieg zu Fuß unternehmen, denn der Ort ist komplett autofrei! Kommen Sie einfach mit mir mit, wir haben genügend Zeit, den Berg langsam zu erklimmen. Sie werden sehen, es lohnt sich auf jeden Fall!" Soweit die Ansage unseres Reiseleiters. Aber wozu haben wir unsere Wanderschuhe angezogen? Also gehen wir der Gruppe doch schon mal voran, dann haben wir oben mehr Zeit.

In Serpentinen nähern wir uns den engen Häusern in den verwinkelten Gassen. Natürlich ist hier vieles auf Tourismus ausgelegt, und so wechseln sich Bars und kleine Restaurants mit Souvenirläden ab. Aber die Häuser selbst sind sehr gut erhalten und wie aus dem Ei gepellt – sicher durch die Gelder der vielen Besucher mitfinanziert. Zwischen

ihnen eingepfercht – zwischen den Häusern, nicht den Be-
suchern – stehen wir plötzlich vor einer Kirche. 10 Minuten vor 10 Uhr zeigt die eine Kirchturmuhr, die andere hat
aber nur einen Zeiger, der irgendwo zwischen der 8 und
der 9 steht. „9 Uhr 50 müsste hinkommen", meint meine
Gattin, denn sie hat einen hervorragenden Zeitsinn. Innen
hat die Kirche ein paar schöne Gemälde, aber das Beste an
dem Gotteshaus ist sein Vorplatz mit einem herrlichen
Ausblick auf die naheliegenden Berge. Und die exotischen
Bäume mit ihren fremdartigen Früchten.

Weiter geht es zwischen den schön eingewachsenen Gebäuden bergauf, bis wir vor einem Kassenhäuschen stehen. „Weißt du, was es hier zu sehen gibt?", frage ich
meine Frau, die nun an-
hand ihres längst verschol-
lenen Schulfranzösischs
die Schriftzüge zu entzif-
fern versucht. „Das muss
ein botanischer Garten
sein!", erläutert sie mir tri-
umphierend, denn ich
stehe ziemlich hilflos vor
der Tafel, „Wollen wir
rein?" Ich werfe einen
Blick auf meine Uhr und
rechne aus, dass wir noch

Mein Tipp *Oft bekommen Sie etwas Freizeit bei den
Ausflügen. Seien Sie
bitte **pünktlich am
Treffpunkt**, denn sonst
erwartet Sie vielleicht ein
heikler Spießrutenlauf.
Die Reiseleiter müssen
den Zeitplan einhalten; o-
der das Schiff fährt
ohne Sie ab!*

etwa 20 Minuten Zeit haben, bis der Busfahrer das nächste
Ziel ansteuern will. Runter müssen wir aber auch noch,

und dafür veranschlage ich mal 10 Minuten. „Bleiben 10 Minuten für einen Garten, der 5 Euro Eintritt für jeden kostet?" Wir sind uns schnell einig, dass wir ringsum schon genügend beeindruckende Natur sehen und uns die Ausgabe sparen können. Dennoch zücke ich den Fotoapparat, stelle ihn auf maximales Tele und schieße zwei Bilder durch den Zaun neben dem Eingang. Ein paar interessante Kakteen kann ich dadurch noch für unser künftiges Fotobuch sichern.

Langsam, aber sicher, steigen wir die steilen Wege und Treppen hinunter Richtung Parkplatz, aber nicht ohne den einen oder anderen Fotostopp. Pünktlich stehen wir am Bus – alleine, ohne Reiseleiter, ohne Busfahrer und ohne andere Reisegäste. Das gibt uns noch etwas Zeit, ein Getränk an einem der Kioske zu erstehen. Dann sehen wir auch schon die Horde auf den Bus zustürmen, und vom Toilettenhäuschen her nähert sich dann auch unser Busfahrer. Es kann weitergehen!

Bergauf, bergab

Der steile Abstieg war dann wohl doch etwas viel für die nicht mehr ganz so sportlichen Mitfahrer… Total erschöpft lassen sie sich nun um uns herum in die Omnibussitze fallen und fächeln sich gegenseitig Luft zu. Als dann der Motor angeworfen wird und die Klimaanlage ihren Betrieb aufnimmt, erwacht wieder das Leben um uns herum: „Der reinste Touristen-Nepp!" – „Das schreckliche steinige Pflaster!" – „Und keine Zeit für die Toilette!" – „Nur Kitsch in den Läden!" Wir schauen uns gegenseitig fragend an. Waren die Herrschaften vielleicht in einem anderen Ort als wir? Eigentlich ist Èze doch ein ganz schmuckes Örtchen! Und erstaunlich sauber. Auch die Kneipen und Bars machten einen netten Eindruck – gut, wir haben dort nichts ausgegeben und der botanische Garten wäre ja vielleicht seinen Preis wert gewesen, wenn die Zeit dafür gereicht hätte. Aber wir haben uns wohl zu lange bei der Kirche aufgehalten. Und vor allem die Aussicht hat uns begeistert. „Da sieht man mal wieder, wie unterschiedlich Menschen etwas wahrnehmen können; wie bei dem halb vollen oder halb leeren Glas!", stellt meine Frau zutreffend fest.

Wir kurven nun die Panoramastraße ‚Moyenne Corniche' auf halber Höhe entlang Richtung Nizza. Aber nur bis zu einem Aussichtpunkt oberhalb der Stadt, die wir von hier aus herrlich überblicken können. Tief unten im Hafen liegen wieder die üblichen Luxusyachten und ein Schiff, bei dem wir uns nicht einig sind, ob es noch eine besonders große Yacht oder schon ein kleines Kreuzfahrtschiff ist. Rings um uns wird ein Foto nach dem anderen geschossen, und auch wir werden gebeten, doch eine Aufnahme von dem einen oder anderen Pärchen zu machen. Also lassen auch wir uns mit unserem Apparat abknipsen, einschließlich einem weiten Blick über Nizza.

„Hast du den hübschen Pavillon da vorne gesehen?" Dabei zeige ich leicht schräg nach oben, denn vor uns liegt neben der Straße eine pompöse Villa, von der man nicht viel sehen kann, da die Hecken ringsum den Einblick nahezu vollständig verhindern. Aber auf einer Terrasse, fast freischwebend vor dem blauen Himmel, leuchtet ein aufwändig verzierter Rundbau herüber, vielleicht sechs Meter im Durchmesser und ringsum durch aneinandergereihte Bögen luftig leicht und sehr durchsichtig. Als andere Reisegäste mitbekommen, worüber wir uns gerade unterhalten, zücken wieder alle ihre Kameras und brauchen nun auch von diesem Pavillon ein Bild. „Ob die Leute auch die herrlichen Blumen hier ringsum gesehen haben?", will Traudl wissen. „Wo, welche?", entgegne ich ihr, denn mir sind die bisher auch nicht aufgefallen; es sind einfach zu viele Eindrücke auf einmal. „Gleich hier unter der Mauer!", deutet mir meine liebe Gattin an. Tatsächlich, sogar im besten Sonnenlicht strahlt eine gelbe Blüte herauf. Und dahinter – in einiger Entfernung natürlich – steht ein Leuchtturm auf der Mole. Also gibt das noch ein Bild fürs Fotobuch.

„Bitte einsteigen!", ertönt vom Bus her das Kommando zur Weiterfahrt. Aber keine fünf Minuten später gibt es schon wieder einen Fotostopp. Diesmal mit Blick auf Èze, und das gleich zweimal! Einmal nach oben, denn hoch über uns ragt der Felsen in den Himmel, auf dem wir vorhin zu Fuß herumgeklettert sind. Und dann auch noch nach unten zum Bahnhof von Èze, der direkt an der Küste liegt.

„Also, da möchte ich kein Bahn-Pendler sein!", stelle ich fest, und „Es sei denn, es gibt hier eine Seilbahn, um den Höhenunterschied zu überwinden!?"

Jetzt geht es wieder zurück zum Sporthafen von Monaco und von dort per Pendelboot zur Albatros. Eigentlich wäre noch genügend Zeit, sich im Restaurant mit einem gediegenen Mittagessen verpflegen zu lassen. Aber das Wetter ist herrlich und die See ruhig, warum dann nicht einfach an Deck dem Lido-Buffet einen Besuch abstatten? Dort gibt es auch alles, was es im Restaurant gibt, nur eben zur Selbstbedienung. Nachdem wir uns kurz in der Kabine erfrischt haben, geht es also wieder ein Deck hinauf zum Buffet. Es ist zwar brütend warm, aber vom Meer her weht doch eine leichte Brise, so dass wir uns sogar einen Tisch in der Sonne aussuchen. Natürlich stürzen wir uns dann wieder zuerst auf das Salatangebot. Und da wir ja nicht weit weg von Italien sind, gönne ich mir dazu eine Portion Spaghetti. Der Steward, der eigentlich nur für das Abräumen des Geschirrs zuständig ist, kommt gar nicht mehr nach, uns mit kühlem Wasser und Apfelschorle zu versorgen. „Lass dir noch Platz für das Abendessen!", empfiehlt mir meine Frau, denn für heute ist ja noch das Willkommensdinner vorgesehen, das sicher noch etwas erlesener ist als die „normalen" Abendgerichte.

Der Nachmittag steht heute unter dem Motto ‚Erholung'. Zwar haben wir uns nicht sehr verausgabt, aber die Hitze und die kleine Bergtour in Èze haben uns doch etwas geschlaucht. Und morgen geht es in Sète und mit einer Fahrt nach Montpellier auf einen Tagesausflug. Auch das wird anstrengend werden! So genießen wir den Nachmittag teils an Deck – aber dort mehr im Schatten als beim Mittagessen –, teils in der Kabine bei einem Verdauungsschläfchen.

Aber gerade, als ich meine Augen zumachen will, klopft es an der Tür. Ein kleines Männchen in einem grauen Overall und ein paar Werkzeugen in der Hand steht davor und fragt auf Englisch, welche Störung wir hätten. Eigentlich glauben wir nicht, dass WIR eine Störung hätten, versuche ich ihm klarzumachen; viel eher scheint es die Klimaanlage zu sein, die auf sich aufmerksam gemacht hatte, bis wir sie mit dem Handtuch zur Ruhe gebracht haben. Mit einem zunächst hilflosen Blick nach oben zur Lüftungsöffnung, denkt der Mechaniker kurz nach. Dann schnappt er sich unseren kleinen Glastisch, räumt ihn vorsichtig ab und steigt über den Stuhl auf die Glasplatte. In dieser Position schafft er es gerade so, die vier Schrauben an der Blechverkleidung zu entfernen und in die Öffnung hineinzusehen. Dann fummelt er mit einem Schraubendreher ein bisschen darin herum und verschließt dann wieder alles. Nachdem er von seiner Plattform heruntergeturnt ist erklärt er uns, dass sich unsere Vorgänger in der Kabine wohl über den Luftzug der Anlage beschwert hätten und ein Kollege die Lüftung geschlossen hätte; aber eben nicht ganz, so dass ein Blech immer wieder auf ein anderes geschlagen hätte. Er habe die Lüftung nun gerade so weit geöffnet, dass die Bleche sich nicht mehr berühren könnten.

Mit einem kleinen Trinkgeld in der Hand verschwindet der hilfreiche Geist schnell wieder. Endlich komme ich dazu, ein Nickerchen zu machen – und das ganz ohne lästiges Geklapper.

„Wach auf! Wir müssen uns langsam auf den Kapitäns- empfang vorbereiten!" Tatsächlich war ich doch fest ein- geschlafen! Und heute wartet der Kapitän darauf, dass wir ihn freundlich begrüßen – oder umgekehrt. Gegen 18 Uhr machen wir uns auf den Weg, ich im Anzug und meine Frau im langen Kleid. Vor dem Eingang zur Atlantik- Show-Lounge hat sich schon eine Schlange gebildet, an deren Ende wir uns brav anstellen und abwarten. Aber es geht zügig voran; nach ein paar Minuten stehen wir dem Kapitän gegenüber, schütteln die Hände und posieren für ein gemeinsames Foto für den Bordfotografen. Das gleich passiert dann fünf Schritte weiter mit dem Kreuzfahrtdi- rektor. Man drückt uns noch je ein Sektglas in die Hände, und wir dürfen in der Show-Lounge Platz nehmen.

Der offizielle Teil

Der Aufmarsch der Crew beginnt. Zu flotter maritimer Marschmusik ziehen auf der einen Seite des kleinen The- aters die Streifenhörnchen ein, auf der anderen die Reise- leiter und Reiseleiterinnen in ihren türkisblau-weißen Fir- menfarben. Die Schiffsbesatzung, also die Offiziere und Offizierinnen, dagegen treten alle mit ihren schmucken

Galauniformen in Weiß und Gold auf; mit einer Ausnahme – der Chefkoch kommt mit seiner extrahohen Kochmütze und in Kochjacke. Alle etwa 20 Personen werden der Reihe nach vorgestellt, wobei der norwegische Kapitän mit seinem ‚besonderen' Deutsch den einen oder anderen Lacher bei sei-

> **Mein Tipp** *Zögern Sie nicht, die Rezeption des Schiffs bei **Störungen und auch Wünschen** aufzusuchen! Ist etwas nicht mit der Kabine in Ordnung, bekommen Sie vielleicht sogar eine bessere – ohne Aufpreis!*

ner Crew und im Publikum hervorruft. Neben dem Kapitän gibt es sogar noch ein Streifenhörnchen, das mit vier dieser Streifen dekoriert ist – der Hoteldirektor (ihm untersteht das gesamte Küchen- und Kabinenpersonal). Im Gegensatz zum Kapitän, der über seinen Streifen an einer Raute erkennbar ist, trägt der Hoteldirektor eine Art Äskulapstab über seinen Bändern. „Warum hat der Chef der Küche das Ärztesymbol auf seinen Ärmeln? Ist das nicht ein schlechtes Zeichen für die Küche?", raune ich Traudl zu. „Das ist doch ein Merkurstab; der steht für die Wirtschaft und den Handel!", belehrt sie mich aber gleich. Das beruhigt mich wieder. Nach dem genauso musikalischen Auszug der Offiziellen werden wir in unser Restaurant entlassen. Mal sehen, was sich der so hoch dekorierte Chefkoch hat einfallen lassen!

Das Menü stellt dann auch eine richtige Herausforderung dar; sowohl für die Küche als auch für uns Gäste. Sechs

Gänge sieht das Menü vor, wobei jeweils zwischen zwei
oder drei Gerichten zu wählen ist: von Shrimps-Törtchen
über Kalbstatar und Steinpilzsuppe und einem Sorbet als
Vor- und Zwischengängen über Hauptgerichte wie See-
zunge, Artischocken-Tarte oder Entrecote bis hin zu Kaffee, Obst und Käse als Ausklang. Wenigstens einen Zwischengang und den Käse muss ich aus Kapazitätsgründen
dann aber weglassen; dafür kommt eine Schale Salat unbedingt dazu! Aber den Tischgenossen geht es genauso,
überall wird nicht etwa darüber diskutiert, was man nehmen soll, sondern was man leider weglassen muss.
Schließlich haben wir uns bis zum Obstteller vorgearbei-
tet. Jetzt steht aber noch ein Highlight auf dem Programm:
Die Künstler, die die Abendprogramme in den nächsten
Tagen gestalten werden, stellen sich heute vor. Und damit
wir einen Eindruck davon bekommen können, was uns
wohl während unserer Kreuzfahrt abends in die Show-
Lounge locken könnte, müssen wir natürlich erst mal das
Angebot kennenlernen.

Die vier jungen Damen des Balletts kennen wir schon.
Dazu kommen heute noch drei ebensolche Herren, die sowohl gesangliche als auch tänzerische Fähigkeiten mitbringen. Ein Gesangsduo wird später in der Casablanca-
Bar allabendlich für Tanzmusik sorgen, ebenso wird ein
Pianist meist schon ab Nachmittag in Harry's Bar zu erleben sein. Der Bordpfarrer mit seiner Frau begrüßen die
Gäste und kündigen einen täglichen kurzen Gottesdienst
an, ebenso wie ein Konzert, das die Pfarrersgattin auf dem

Alphorn geben wird. „Eine echte Alp-Hornisse also!",
flüstere ich Traudl zu. Außerdem würde die Dame über
mehrere Tage verteilt ein kleines Kommunikationstrai-
ning anbieten. Auch ein Lektor wird zwischen den Darbietungen kurz vorgestellt; er wird uns über einige Städte auf
unserer Reise informieren und über ein Meeres-Schutz-
programm, an dem er sich beteiligt. Ihre Auftritte finden
vormittags oder auch nachmittags in den Cafés oder hier
in der Show-Lounge statt. Und auch ein Moderator darf
nicht fehlen, der sowohl für die künstlerische Zusammen-
stellung als auch für Begrüßung und Verabschiedung des
Publikums am Abend zuständig ist. Während der Vorstellung der Unterhaltungsmannschaft genießen wir je einen
Cocktail, aber auch ohne ihn hätten wir schon die richtige
Bettschwere. Auf dem Weg in die Kabine schauen wir
nochmal kurz auf das Promenadendeck, um uns von
Monte Carlo zu verabschieden. Aber wir kommen zu spät!
Ohne es zu merken, hat unsere Albatros bereits die Maschinen hochgefahren und den Anker gelichtet; von Monaco ist schon nichts mehr zu sehen. Nur ein paar kleine
Lämpchen sind noch an der Steuerbordseite in der Ferne
auszumachen. Wir sind bereits auf dem Weg nach Sète!

„Morgen gibt es Austern!", stelle ich zunächst sachlich
fest, aber nicht ganz ohne Vorfreude darauf. Denn in Sète
haben wir einen Besuch in der Markthalle vorgesehen, und
der Ort ist bekannt für seine guten Muscheln. „Jetzt kommen wir gerade vom Willkommensdinner und du denkst
schon wieder ans Essen!", muss ich mir von Traudl sagen

lassen. Ich erspare mir eine Erwiderung, denn ich weiß, dass Austern – vor allem roh – nicht gerade ihr Ding sind.

„Morgen Früh gehen wir auf eigene Faust an Land. Unser Ausflug nach Montpellier findet erst nach dem Mittagessen statt. Also brauchen wir keinen Wecker!" Das war ein Kommando an mich, meinen Wecker stillzulegen. Was ich auch gerne mache. „Aber um 8 Uhr will ich zum Frühstück gehen; wer weiß, wie lange der Markt in Sète geöffnet sein wird!?", ist so ziemlich das Letzte, was ich heute von mir gebe, denn langsam fallen mir die Augen zu.

~.~

Als ich wieder klar sehen kann und einen Blick aus dem Fenster werfe, ziehen an unserem Schiff ein paar Ladekräne vorbei. Auch einige Container stehen am Ufer. Die Einfahrt haben wir also verschlafen. In wenigen Minuten wird unser Kapitän schon den Liegeplatz ansteuern. Also schnell ins Bad und in die Kleidung, vielleicht bekommen wir das Anlegen noch mit! Aber es ist hoffnungslos; noch bevor wir die Kabine verlassen können, verstummt das Brummen der Motoren. „Dann können wir uns auch Zeit lassen mit dem Frühstück", entscheidet meine Frau, denn es ist erst kurz nach 7 Uhr.

Die morgendliche Stärkung wird schon langsam zur Routine. Wir bleiben beim gleichen Tee, Traudl bei ihrem Joghurt und ich bei Ei und Speck, aber jeweils mit anderem Beiwerk. Schließlich will ich ja alles mal ausprobieren.

▼ Fischmarkt in Sète   ▲ Hafen mit Palast, Monaco   ▼ Montpellier

▲ Èze　　　▼ Autor mit Gattin über Nizza　　　▲ Botanischer Garten in

▲ Montpellier   ▼ Anlegemanöver in Barcelona

▲ Priestergarten, Elche
▼ Sagrada Família, Barcelona

▲ Elche
▼ Park Güell, Barcelona

Allerdings sind wir heute die ersten an unserem Achtertisch. Erst als wir schon fast zum Ende kommen, trudeln auch nacheinander die anderen Gäste ein. Sie erzählen, dass sie den Vormittag an Bord verbringen wollen, denn heute Nacht hätten sie alle schlecht geschlafen und wollen das nun im Hafen nachholen. Nun ja, selber schuld; aber so bleiben die Austern dann wenigsten für mich alleine.

Ein Hauch von Luxus

Da unser Frühstück heute sehr gemütlich ausfällt, unterhalten wir uns ausgiebiger als sonst mit den Nachbarn. Jetzt kennen wir auch die Namen unserer Tischgenossen, und auch aus welchen Gegenden sie kommen. Nur wir sind aus dem Süden Bayerns, die anderen aus dem Westen und aus dem Osten der Republik. Die beiden Damen aus dem Kohlenpott stellen sich als sehr gesprächig heraus, ebenso der Herr aus Köln. Dagegen ist das Paar aus dem Grenzgebiet zu Polen eher noch zurückhaltend. Aber so langsam kommt eben doch eine Art Konversation zustande, die über den Austausch von Höflichkeiten hinausgeht. „Sie müssen sich unbedingt mal Görlitz anschauen!", drängt uns das Ostpärchen, denn es sei seit der Wende wieder herrlich renoviert worden. Die beiden Damen – Cousinen, wie sich herausstellt – erzählen lieber von ihren eigenen Gärtchen. Und das andere Paar aus der Hochburg des Karnevals berichtet erst mal nicht viel von sich.

Unser Ausstieg an Steuerbord liegt gleich gegenüber dem Zentrum von Sète, so dass wir nur über eine Brücke gehen müssen, um in die Altstadt zu gelangen. Dabei kommen wir durch enge Straßen, an deren Seiten mehrstöckige Häuser mit den typischen schmalen Eisenbalkonen das Sonnenlicht aussperren. Aber es ist warm und trocken, so dass wir gar nicht böse sind, dass wir keinen Sonnenbrand bekommen können. Allerdings sind die Wege nicht gerade in einem guten Zustand; überall ragen Gullideckel aus dem Kopfsteinpflaster heraus, und Abfälle werden hier wohl auch gerne auf die Straßen entsorgt. Dank eines kleinen Stadtplans, den wir mit dem Tagesprogramm bekommen haben, suchen wir nun an einer Abzweigung den Weg zur Markthalle und sind erst mal erstaunt, dass wir schon fast davorstehen. Das große graue Gebäude sieht eher aus wie ein Parkhaus, aber da doch viele Leute hineinströmen schließen wir uns einfach an. Und dann sind wir mitten im Paradies!

Ringsum türmen sich an den Ständen Früchte und Gemüse aller Art: neben den üblichen Orangen, Bananen und Salaten sind die schönsten Artischocken aufgestapelt, ebenso etliche Gemüse, deren Namen wir nicht einmal kennen. Ein Angebot hat es meiner Frau besonders angetan: der Stand mit Nüssen und Kernen. Und gleich daneben der Gewürzstand mit seinen Dutzenden offenen Säckchen, in denen es schön aufgetürmte Berge in gelb, orange und grün gibt. Etwas weiter wechselt das Angebot zu Fleisch und Wurstwaren. Schinken und Salami in unzähligen Variationen werden nicht nur in den Theken angeboten, sondern hängen auch dicht aneinander von der Decke. Ich kann es mir nicht verkneifen, an dem einen oder anderen Stand von den Probiertellern zu naschen.

Schließlich landen wir doch noch in der Fisch- und Meeresfrüchteabteilung. Es riecht nach Meeresbrise, also gar nicht nach Fisch. „Schau mal, alles ganz frisch!", stellt Traudl fest, aber ich habe meine Augen schon auf Austernsuche eingestellt. Und ich muss nicht lange Ausschau halten; nicht nur ein Stand, sondern sogar eine ganze Abteilung mit mehreren Verkäufern und einem unüberschaubaren Angebot an Muscheln, Krabben, Meeresschnecken und Garnelen reiht sich um einige Tischchen mit Stühlen für den sofortigen Verzehr der frischen Produkte aneinander.

> **Mein Tipp** *Außerhalb unserer Eurozone brauchen Sie auch mal **Devisen**. Wechseln Sie besser nicht vor der Reise oder auf dem Schiff, der Kurs mag sehr ungünstig sein! Ziehen Sie sich lieber einen Betrag im Land aus einem Geldautomaten.*

Auch Austern gibt es, und das in drei Größen. Eben wird einem Herrn vor uns ein kleines Tablett mit sechs frisch geöffneten Austern im Austausch gegen einen 5 Euro Schein gereicht. Dann bestellt er aber noch ein Glas Weißwein dazu und bezahlt auch dieses. „Willst du auch welche?" Ich weiß, es ist nur eine rhetorische Frage an meine Gattin, denn die Antwort kenne ich schon. Also bestelle ich nur für mich ein Sixpack Austern der mittleren Größe und schaue zu, wie behände der Verkäufer die Schalen knackt. Wir setzen uns an den Nebentisch unseres Vorkosters und bekommen auch ein Tablett mit den kostbaren Muscheln, einem Schnitz Zitrone und ein paar Scheibchen Brot serviert. „Wenn eine Perle drin ist, dann gehört sie mir!", fordert Traudl schon mal vorsorglich. Aber ich muss sie enttäuschen: Während ich die Delikatessen nacheinander hinterschlucke, kann ich leider keine Perlen darin finden.

So gestärkt, wollen wir nun doch noch etwas mehr von Sète sehen. Der Ort liegt auf mehrere Inseln verteilt, die das Mittelmeer von der Lagune trennen. Und so müssen wir immer wieder über kleine und große Brücken gehen, um zu den Sehenswürdigkeiten zu kommen. Aber eigentlich gibt es, außer der Markthalle, gar keine richtigen lokalen Besonderheiten, die Lage des Städtchens alleine ist sicher das größte Highlight. Bei unserem Umherirren kommen wir noch an einer kleinen Kirche vorbei, deren Tür unüblicherweise offensteht. Es ist St. Peter, eine katholische Kirche mit einfachem Innenraum, in der wir auch ein kleines Opfer in Form einer Geldmünze darbringen und dabei um eine glückliche Reise bitten. Schaden kanns ja nicht!

„Wenn wir noch Mittagessen wollen, sollten wir langsam wieder zum Schiff zurück!", fordere ich meine Frau auf, die ja – im Gegensatz zu mir – seit heute Morgen nichts zur Stärkung bekommen hat. Ohne einen weiteren Blick auf unseren Stadtplan, schlage ich zielsicher die Richtung zur Albatros ein. An einem kleinen Hafen entstehen noch ein paar Fotos, dann können wir auch schon den türkisenen Schornstein unseres Dampfers ausmachen.

„Heute Mittag gönnen wir uns aber ein ordentliches Menü!", entscheide ich gleich. Wenn ich mir schon etwas Luxus in Form von Austern genehmigt hatte, dann soll meine Frau wenigstens in den Genuss eines schön servierten Mittagessens kommen. Also ab in die Kabine, etwas frisch machen und dann hinauf zum Restaurant Möwe, wo an unserem Tisch schon die halbe Runde sitzt. Mahlzeit!

Wir haben noch knapp zwei Stunden Zeit, bis unser Ausflug nach Montpellier startet, da können wir uns auch noch den Nachtisch bringen lassen.

Mit Trommeln, Pauken und Becken

Noch ein Stündchen faul in der Kabine, und wir sind gestärkt für den nächsten Ausflug; diesmal mit Omnibus und Reiseleitung! Drei Busse stehen direkt neben der Albatros am Kai, und diesmal haben wir das Los für Bus 3 gezogen. Es stellt sich heraus, dass das Schicksal es gut mit uns meint, denn in diesem letzten Bus bleibt die Hälfte der Sitze frei. „Eigentlich sollten wir uns immer hinten anstellen! Dann haben wir vielleicht mehr Platz im Bus", ziehe ich meine Schlüsse aus der Situation. Angelika, unsere

Anführerin auf dieser Fahrt, zählt ‚die Häupter ihrer Lieben‘ und gibt das Signal zur Abfahrt nach Montpellier. Die
kurze Strecke reicht gerade, damit Angelika uns einen kurzen geschichtlichen Überblick über die Stadt und ihre Umgebung über die Lautsprecher vermitteln kann, dann sind
wir auch schon am Ortsschild von Montpellier vorbeige-
fahren. In der Einfahrt eines großen Hotels dürfen wir bald
aussteigen und sammeln uns um unsere Leiterin. Im Gän-
semarsch folgen wir ihr dann zum Hauptplatz, wo wir die
nächste Lektion hören, diesmal zum Thema ‚Bauwerke in
Südfrankreich‘. Und das passt hier auch vorzüglich;
ringsum stehen Hotels und Wohnhäuser im neo-klassizis-
tischen Stil und in der Mitte des Platzes ein ebensolcher
Brunnen; teils aus rohem Stein, aber auch mit verspielten
Putten und mit drei Grazien auf der Spitze.

„Fällt dir was auf?“, fragt mich unvermittelt Traudl. Ich
bin zunächst etwas ratlos und schaue sie verdutzt an. „Ich
meine den Unterschied zu Sète! Alles ist hier doch sauber
und ordentlich, und es sind Unmengen an Leuten unterwegs!“ Stimmt, größer könnte der Kontrast zu Sète gar
nicht sein. Zudem sind die Menschen hauptsächlich jün-
geren Alters, und ein Getümmel wie hier um einige Buden
mit Flohmarkt- und Souvenirartikeln haben wir bestenfalls
dort in der Markthalle erlebt.

Wie meistens bei Führungen stehe ich etwas abseits, um
ein schönes Motiv für meine Aufnahmen zu finden. Traudl
wird mir nachher schon das Wichtigste von dem, was An-

gelika erzählt hat, weitergeben. Während ich noch auf Motivsuche bin, sprechen mich zwei andere Touristen an. Das, was sie sagen, klingt eigentlich Französisch, aber da haben sie meinen schwachen Punkt getroffen; außer ‚Ja‘, ‚Nein‘ und ‚Auf Wiedersehen‘ habe ich mir nichts Französisches angeeignet, in der Schule musste ich mich stattdessen für Latein entscheiden. Erst als ich entschuldigend mit den Achseln zucke, höre ich ihn zu ihr sagen: „Du, der versteht uns nicht. Vielleicht ist dein Französisch doch nicht so gut!?" – „Aber mein Deutsch ist besser!", antworte ich, was uns alle drei zu einem herzlichen Lachen bewegt. Das traurige Fazit ist aber, dass ich den Beiden mangels Ortskenntnis auch nicht weiterhelfen kann.

Jetzt habe ich doch glatt den Anschluss an unsere Gruppe verpasst. Aber zum Glück beherrscht Traudl die Vermittlerrolle Gruppe-Herbert perfekt und winkt mir von einer Hausecke aus zu. Im Eilschritt folge ich ihr und schaffe schließlich den Anschluss wieder. Bald stehen wir vor einem der prächtigen Stadthäuser und erfahren, dass früher hier und in rund 80 anderen ähnlichen Gebäuden bessergestellte Protestanten mit ihren Familien einschließlich Dienstboten gewohnt haben.

Im Laufschritt überqueren wir eine vielbefahrene Straße und sehen an deren Ende einen großen Bogen, der dem ‚Arc de Triomphe‘ in Paris nachgebildet wurde, nur eine Nummer kleiner. Dann endet auch schon unsere Führung, und wir bekommen eine Stunde Freizeit, bis wir uns wieder am Hauptplatz treffen sollen.

Während wir noch überlegen, was wir in der Zeit anstellen können, nähert sich ein … ? Ich weiß nicht, wie ich es nennen soll: Es ist ein Fahrrad, allerdings mindestens in der Länge eines Easy-Riders mit drei Meter langer Gabel zum Vorderrad. Zwischen den beiden Hinterrädern ist ein komplettes Schlagzeug installiert. Und der Drummer haut auf die Becken und in die Pauken, was das Zeug hält, während sein ‚Chauffeur' munter das Gefährt durch die Straßen lenkt! „Jetzt brauche ich etwas Ruhe, meine Ohren dröhnen noch nach dem Schlagzeugsolo!" Mir geht es genauso, und darum ist ein Kirchenbesuch sicher eine gute Erholung.

Die große Kathedrale St. Peter – heißen hier alle Kirchen nach dem heiligen Petrus? – steht etwas bergab und abseits vom Zentrum, ihre Türme weisen uns aber unmissverständlich den Weg. Und der lohnt sich wirklich! Hinter dem säulenverzierten Portal treten wir in ein riesiges Kirchenschiff mit großen, bunten Fenstern ein, das durch die einfallenden Sonnenstrahlen in ein vielfarbiges Licht getaucht wird. Ein paar ruhige Minuten, ein gespendetes Teelicht und ein paar Fotos später müssen wir uns aber wieder auf den Rückweg machen; wir wollen ja nicht als Letzte zum Treffpunkt kommen.

Dank unseres Stadtplans und einer guten Orientierungsfähigkeit sind wir sogar eine der Ersten am Hauptplatz – sofern man das überhaupt so sagen kann, denn es wimmelt hier vor Leuten. Also schauen wir uns noch in Ruhe die

Angebote der Stände an und wundern uns, was es doch alles an Nippes, Tand oder – wie wir zuhause sagen würden – an Gruscht gibt. Ein paar Minuten später taucht auch unsere türkise Angelika auf, und mit ihr der Großteil unserer Mannschaft, die sich sicherheitshalber gar nicht von ihr getrennt hat. Wie meistens, so gibt es auch heute wieder ein paar Nachzügler, die anscheinend die Uhr nicht ablesen können. Aber letztendlich bringt uns der Bus doch noch komplett zum Hafen in Sète zurück.

„Jetzt brauch ich aber eine Stärkung!", gebe ich Traudl zu verstehen, denn ein Blick auf meine Uhr sagt mir, dass an Bord noch Teestunde ist. Da nicht widersprochen wird, gehen wir schnurstracks in die Karibik-Lounge auf dem Jupiterdeck, und das ohne Umweg über unsere Kabine. Bei Tee und diversen landestypischen ‚Petit Fours' füllen wir hier wieder unsere Energiereserven auf.

Schlecht gebrüllt, Löwe

Nach einer ruhigen Nacht begrüßt uns die Sonne beim Frühstück mit ihren schon recht angenehmen Strahlen. Nur der Seegang macht uns beim morgendlichen Tee auf dem Lidodeck etwas zu schaffen. Obwohl die Tische im Freien eigentlich recht stabil sind, schwappt der Tee gelegentlich über den Tassenrand. „Hättest du nicht so voll machen sollen!", weiß meine liebe Gattin; aber das habe ich mir inzwischen auch schon gedacht. Die nächste Tasse wird nur noch halbvoll werden. Ob es bei der Besichtigung vom ‚el Bulli' heute Mittag in Roses auch etwas zum Verkosten geben wird? Aber Traudl dämpft gleich meine Erwartungen: „Mach dir mal keine großen Hoffnungen. Wenn es überhaupt was gibt, dann sicher in mikroskopisch kleinen Portionen. Iss dich lieber hier satt! " Na gut, denn was will man mehr: Urlaub, Sonne, Wasser, ein leckeres Frühstück…

> **Mein Tipp**
>
> *Seien Sie flexibel, denn es kann auch mal **Änderungen im Programm** geben!* *Weder Wetter noch die Politik lassen sich immer vorhersagen, aber meist gibt es ja Alternativen.*

Bis es in den Lautsprechern knackst, die ja überall auf dem Schiff verteilt sind. Der Kreuzfahrtdirektor begrüßt uns mit seinem holländisch angehauchten Dialekt und übergibt direkt an den norwegischen Kapitän. Der kommt dann aber schnell zur Sache: „Hier spricht der Kapitän von der Brrrrrügge," – so begrüßt uns der Kapitän immer – „wir sein seit heute Morgen ins sogenannte Löwengolf unterwegs und habe Seegang und Windverhältnisse ausgiebigx studiert und sein leider zu der Ergebnis kommen, dass ein Ausbooten vor Roses heute zu gefährlich sind. Wir werden daher direkt zu Barcelona weiterfahren. Genießt Sie dafür ein Seetag!"

El Bulli! Wo bleibt mein ‚el Bulli'?? Vor meinen Augen platz gerade ein schöner, großer Ballon. Irgendwie ist es auf dem ganzen Schiff einen Moment deutlich ruhiger geworden. Aber dann setzt das Gemurmel sogar heftiger wieder ein. Völlig fremde Menschen reden plötzlich miteinander über die Eigenart des Löwengolfs. Auch zwischen unseren Tischchen wird nun heftig diskutiert: „…habe ich auch schon gehört…", „…soll ja schwierig sein…", „…bin ich schon mal gesegelt…" und dann, quasi der Höhepunkt: „In Roses gibt es sowieso nichts Interessantes!" Und was ist dem ‚el Bulli'? Aber ich halte mich zurück, denn es muss sich ja nicht jeder für so ein ausgefallenes Lokal interessieren. Und jetzt fällt es tatsächlich aus!

Innerhalb einer Stunde ziehen jetzt aber doch einige Wolken auf und der Wind nimmt deutlich zu. Aha, die Löwen beginnen zu brüllen! Auch der Seegang scheint noch ein oder zwei Stärken zuzunehmen. Vorsorglich haben wir unser Frühstück schon beendet, denn die Saftgläser haben bereits angefangen, auf dem Tisch zu tanzen. Für uns beide, die wir einigermaßen seefest sind, kommt das Leben auf dem Meer gerade recht – wenn eben nicht … „Falls wir an einer Pier festmachen könnten, dann hätte es sicher mit dem Ausflug noch geklappt. Aber eben das Ausbooten ist doch wesentlich gefährlicher!", tröstet mich meine Frau. Also stellen wir uns auf einen Seetag ein und winken von Ferne zum Festland hinüber.

Einigen andern Passagieren scheint der Löwengolf nicht so recht zu bekommen. Inzwischen haben wir etwa Windstärke 8 oder 9, und die Wellen schaukeln unsere Albatros doch deutlich spürbar hin und her. Die Besatzung hat schon heute Morgen angefangen, Spucktüten überall im

Schiff zu verteilen. An jedem Geländer hängen welche, und einige davon sind wohl auch schon ihrer Bestimmung zugeführt worden. Auf dem Promenadendeck, von wo aus wir einen guten Blick auf den Horizont haben und somit der Seekrankheit trotzen können, geistern ein paar bleiche Gestalten herum, die sicher ihr Frühstück schon ein zweites Mal gesehen haben.

Trotz der noch immer unruhigen Schiffslage wird am späten Vormittag auf dem Lidodeck für bestmögliche Laune gesorgt. Dazu hat sich das musikalische Duo, das sonst für die abendliche Tanzrunde zuständig ist, in Seemannskleidung geworfen und versucht nun, mit Gesang und Keyboardbegleitung die Stimmung etwas aufzuheitern. Die Sonne liefert die warmen Strahlen dazu, denn der Himmel ist wieder fast wolkenlos. Wem es dennoch noch nicht warm genug ist, der kann mit einem hochprozentigen Schnaps auf Kosten der Reederei versuchen, die innere Heizung anzuwerfen.

Gegen Mittag beruhigt sich der Wind weiter, aber das Restaurant bleibt dennoch nur schwach besucht. Macht nichts, wir lassen es uns trotzdem schmecken, wenn auch nicht ganz so üppig wie sonst. Von unseren Tischnachbarn ist nur ein Paar standhaft geblieben, die anderen erholen sich sicher noch in ihren Kabinen.

Für den Nachmittag wurde extra kurzfristig ein Vortrag über den nächsten Hafen und die Stadt Barcelona eingeplant. Wozu haben wir sonst auch einen Lektor dabei? Rechtzeitig um 14 Uhr 30 suchen wir uns in der Show-

Lounge einen guten Platz, denn es sollen auch Bilder zum Vortrag gezeigt werden. Der Lektor stellt sich als humorvoller Redner heraus, denn er würzt seinen Vortrag mit vielen Anekdoten zum Schmunzeln. So bleibt seine Zuhörerschaft trotz Verdauungszeit und zugezogenen Vorhängen wach. Dafür bekommt er auch viel Applaus. „Wenn wieder ein Vortrag kommt, sollten wir ihn uns auch anhören!", meint meine Frau, der seine Art wohl auch gefallen hat. Wir haben ja zwei Ausflüge in Barcelona geplant und gebucht: einmal heute Abend zum ‚Magischen Brunnen' und dann am nächsten Vormittag zu den Werken Antoni Gaudís. Und zu beiden Themen hat der Lektor interessante Fakten vorgestellt, die wir wahrscheinlich während unserer Ausflüge nochmal hören werden. Aber doppelt hält ja bekanntermaßen besser.

> **Mein Tipp**
> *Wenn Sie es schon wissen, dass Sie für **Seekrankheit** anfällig sind, besorgen Sie sich lieber vor der Reise entsprechende Mittel bei Ihrer Apotheke. Der Schiffsarzt ist nur für Notfälle da!*

Als wir wieder ins Tageslicht treten sind wir erst noch weit von der Küste entfernt, und während wir versuchen herauszufinden, wie weit es noch nach Barcelona ist, deuten einige Leute an der Reling aufgeregt aufs Wasser und rufen: „Wale! Wale an Backbord!" Richtig, nicht weit von unserem Schiff entfernt, tauchen immer wieder breite Rücken aus dem Wasser auf. Zwei oder drei Tiere müssen es mindestens sein; dann sind sie wieder verschwunden, vermutlich einfach abgetaucht.

Bald sind wir schon näher an der Küste und können vor uns bereits die Silhouette einer Stadt ausmachen: Barcelona mit den weithin sichtbaren Türmen der ‚Sagrada Família‘, der nach Gaudís Entwürfen geplanten und noch immer im Bau befindlichen Kathedrale, inklusive der vielen Kräne.

Kunst oder Kitsch?

Dadurch, dass wir Roses ausgelassen haben, sind wir nun früher in Barcelona als vorgesehen, obwohl unser Kapitän schon das Tempo gedrosselt hatte. Unser Ausflug ‚Abendliches Barcelona mit Magischem Brunnen‘ ist für 19 Uhr 30 vorgesehen, also erst nach dem Abendessen. „Was machen wir noch bis zum Essen?“, drängt sich daher die Frage auf. „Vielleicht etwas Sport!?“, kommt die spontane Antwort meiner Frau. Warum muss ich auch so dumm fragen? Aber in Anbetracht der kommenden sicher auch üppigen Tage lasse ich mich heute mal breitschlagen: „Tischtennis wäre doch mal wieder ganz nett!“ Also los. Auf dem Sonnendeck gibt es viele Betätigungsmöglichkeiten; Shuffleboard, das klassische Bordspiel, ist dabei, aber auch moderne Fitnessgeräte, Boccia und sogar ein Golfabschlag stehen zur Verfügung; letzterer jedoch in einem netzumspannten Käfig, damit die Bälle nicht im Meer versenkt werden können. Im Innenraum, neben den Foltergeräten, stehen ein Kicker und drei Tischtennisplatten. Die Schläger finden wir in einer Holzbox, und auch genügend Bälle sind vorhanden. Das letzte Mal, dass wir zusammen Tischtennis gespielt haben, ist wohl mindestens fünf Jahre her! Aber es ist wohl ähnlich wie beim Radfahren: man vergisst es nicht, zumindest nicht gänzlich. Nach einer halben Stunde und in etwa ausgeglichenem Punktestand – wenn wir denn überhaupt gezählt hätten – reicht es aber erst mal wieder.

An Deck gönnen wir uns eine kurze Erholung und beobachten dabei die vielen Flugzeuge, die mit ausgefahrenen Rädern Kurs auf den naheliegenden Flughafen genommen haben. Sie fliegen so nahe an uns vorbei, dass wir problemlos die Fluggesellschaften identifizieren können: norwegische, deutsche und natürlich spanische Embleme erkennen wir, und auch ein US-Amerikaner ist dabei. „Weiter geht's!", fordert mich schließlich Traudl auf. Nach einer Runde Kicker gibt sie aber schon auf; das geht doch zu sehr in die Handgelenke. Also statten wir den Fitnessgeräten noch einen Besuch ab und strapazieren unsere Arm- und Beinmuskeln ein paar Minuten lang. Dann wird es endlich langsam Zeit, uns auf das Abendessen einzurichten.

Diesmal ist unsere Tischrunde wieder vollzählig, und wir hören allerlei Schauergeschichten, wie es unseren Nachbarn im Löwengolf ergangen ist. Die Erzählungen sind nicht gerade appetitanregend, und so fällt das Abendessen eher spärlich aus. Gut ist es aber trotzdem, wie eigentlich immer hier auf dem Schiff. Gleich nach dem Nachtisch wird es für uns Zeit, unsere sieben Sachen für den Ausflug zu packen. Auch eines der Pärchen an unserem Tisch wird uns heute nach Barcelona begleiten.

Während wir in der Atlantik-Show-Lounge auf unsere Buszuteilung warten, beobachten wir, wie neben uns ein deutlich größeres Kreuzfahrtschiff festmacht; die ‚Azura‘, wie wir einer großen Tafel unter ihrem Radom entnehmen können. Allein über den Rettungsbooten an der Seite ragen noch sechs Decks mit Balkonkabinen in die Höhe, und auf dem Sonnendeck stehen hunderte Schaulustige und beobachten das Anlegemanöver.

Dann sind wir dran. Zügig werden wir von Bord und zu unserem Omnibus geführt. Auch eine türkisgekleidete Dame ist wieder dabei und sorgt für eine Einstimmung auf das Schauspiel, das uns am Hang des Bergs Montjuïc erwartet. Doch zuvor kämpft sich unser Bus über den besagten Berg in engen, gewundenen Straßen, mitten durch das Olympiagelände von 1992 mit diversen Stadien und Monumenten. Dann heißt es „Alle aussteigen! Wir treffen uns wieder genau hier um 21 Uhr."

In der fortgeschrittenen Dämmerung folgen wir dem Menschenstrom und stehen bald auf der obersten Etage einer pompösen Brunnenanlage, deren Wasser sich zunächst in vielen Absätzen nach unten zum Hauptbrunnen diverse Wege bahnt. Dabei werden die einzelnen Wasserläufe verschiedenfarbig beleuchtet. Dazwischen spucken einige

Düsen ihre Wasserfontänen in die Luft, und wir müssen aufpassen, dass wir nicht in ihren Sprühregen geraten. Nebenbei ertönt aus vielen Lautsprechern mehr oder weniger klassische Musik über die gesamte Anlage. Parallel zu den Wasserkaskaden verlaufen breite Treppen nach unten, und sogar Rolltreppen ermöglichen es Fußkranken und Gehfaulen, das Gesamtkunstwerk zu erkunden.

Der Höhepunkt aber spielt sich auf einer der unteren Terrassen ab. Hinter einer Säulenreihe strömt das von oben über die vielen Absätze kommende Wasser in ein enormes Wasserbecken von vielleicht 35 Metern Durchmesser. Unsere Begleiterin hat uns schon im Bus mit beeindruckenden Zahlen überschüttet: 2600 Liter Wasser pro Sekunde aus fünf Pumpen, 1500 Meter Rohrleitungen und 3620 Düsen sind alleine verantwortlich für das Schauspiel in diesem Becken!

Und dann geht die Show auch schon los: Zu dramatischer Musik tanzt das Wasser mit Hochdruck in schwindelerregende Höhen von bis zu 54 Meter und in wechselnden bunten Farben. Dazu wird die umgebende Bepflanzung in knalligen Farben angestrahlt. „Ist das jetzt noch Kunst oder schon Kitsch?", wage ich Traudl zu fragen, denn meiner Meinung nach wird mit der Beleuchtung doch etwas übertrieben. Sie zuckt nur mit den Schultern und ist sich wohl auch nicht so ganz im Klaren darüber.

Dann ist das Spektakel auch schon wieder vorbei. Während wir bereits den Weg nach oben suchen und uns dabei der langen Rolltreppe bedienen, geht die Show schon erneut von vorne los, aber anscheinend jetzt mit moderner Musik. Also bleiben wir doch nochmal stehen und bewundern das Kunstwerk nun von oben, gleich unter dem großen Bibliotheksgebäude am oberen Ende der Kaskaden. „Wie viele Menschen heute hier zuschauen?", will meine Gattin wissen. Ich kann auch nur schätzen, aber ein paar Tausend werden es wohl sein.

Es ist 21 Uhr, und wir stehen am Treffpunkt. Aber es dauert noch eine Viertelstunde, bis schließlich auch die Nachzügler, die es wohl immer gibt, den Bus gefunden haben.

Bunt und Spitz

Ich kann es mir nicht verkneifen, gleich nach unserer Rückkehr in die Kabine noch einen Blick auf meine Aufnahmen vom Brunnenspektakel zu werfen. Bei Nachtaufnahmen bin ich mir nie sicher, ob der Fotoapparat die gleiche Vorstellung von solchen Aufnahmen hat wie ich, speziell was die Belichtung angeht. Aber im Großen und Ganzen bin ich zufrieden, mit ein bisschen Nachbearbeitung was Sättigung und Bildausschnitt betrifft, müssten brauchbare Bilder herauskommen. Mit dieser Genugtuung falle auch ich in meine Koje und träume sicher von Unmengen Wasser.

Der nächste Morgen weckt uns auch wieder mit Sonnenstrahlen. Unser Ausflug, der uns zu den baulichen Wundern Antoni Gaudís führen wird, beginnt schon um
9 Uhr 15, so dass das Frühstück zwar nicht gehetzt, aber
zumindest etwas früher angegangen werden muss. So stehen wir schon kurz vor 8 Uhr wieder am Frühstücksbuffet
und versorgen uns mit dem Üblichen. Unsere Nachbarn
trudeln auch schon langsam ein, und wir merken während
unseres Gesprächs, dass wir heute fast alle auf den Spuren
Gaudís wandeln wollen.

Nur eine Stunde später warten wir in der Show-Lounge auf
unseren Aufruf. „Hast du auch genug Speicherplatz für die
vielen Aufnahmen, die wir
heute machen können?",
sorgt sich Traudl um meine
Ausrüstung. Aber mit Platz
für über 2500 Fotos und einem geladenen Reserve-
Akku in der Tasche sollte es
zu keinem Engpass kommen.

> **Mein Tipp** *Kalkulieren Sie nicht zu knapp mit Ihrem* **Fotomaterial***; Sie brauchen sicher mehr! Unterwegs noch eine Speicherkarte zu kaufen, kann sehr teuer werden. Und vergessen Sie Ihr* **Ladegerät** *nicht!*

Pünktlich setzt sich unsere
Gruppe in Bewegung Rich-
tung Omnibus. Die heutige
Begleitung ist mal ausnahmsweise ein Herr, aber natürlich
auch in Türkis und Weiß. Unser erster Halt wird an der
riesigen Kirchenbaustelle der ‚Sagrada Família' sein, die
schon 1882 begonnen wurde und eigentlich spätestens
zum 100sten Geburtstag von Gaudí 1952 hätte fertig sein

sollen. Inzwischen hat man sich vorgenommen, das Werk zumindest bis zum 100sten Todestag 2026 abzuschließen.

Als wir in der Nähe der Kathedrale ankommen, brauchen wir nur dem Menschenstrom zu folgen. Unzählige Touristen aller Rassen und Nationen scheinen es auf einen Blick auf die Kirche abgesehen zu haben. Und auch wir sind erst mal geblendet von den sehr reichen Verzierungen der spitzen Türme und hohen Portale. Dabei fehlt das Hauptportal mit seinen noch höher geplanten Türmen bisher gänzlich; es wird als letztes an dem Monumentalbau ergänzt werden. Nichtsdestotrotz finden bereits Gottesdienste in der katholischen Kirche statt. Dafür haben wir aber keine Zeit, sondern umrunden das Gebäude und schießen von allen Seiten Fotos, möglichst ohne die gelben Kräne, was aber so gut wie unmöglich ist. Die vielen mindestens lebensgroßen Figuren, Menschen und Tiere, aber auch ein reich geschmückter Weihnachtsbaum und vieles andere – alles aus meist bräunlich eingefärbtem Zement – lassen den Auslöser permanent klicken. Nur die Turmspitzen leuchten in bunten Farben zwischen den Kränen.

Schließlich warten wir nur eine Straße weiter wieder auf unseren Bus. Mit ihm geht es nun einen Hügel hinauf zu einer Parkanlage, die Gaudí maßgeblich gestaltet hat; zwar nicht die Bepflanzung des Geländes, aber die Anlage der Wege, der Treppen und Terrassen und einiger Gebäude. Auch hier können wir nicht direkt bis vor den Eingang fahren, aber ein kurzer Fußmarsch bringt uns in den weitläu-

figen ‚Park Güell'. Da das Gelände doch ein starkes Ge-
fälle aufweist, mussten immer wieder Stützmauern neben
den Straßen und Wegen errichtet werden. Aber da Antoni
Gaudí dafür verantwortlich war, sind diese Befestigungen
natürlich nicht einfache gerade Mauern, sondern schon
eindrucksvolle Kunstwerke mit Bögen und Absätzen, und
kaum eine der Stützsäulen steht wirklich senkrecht, sondern sie neigen sich dem Hang zu. „Das wirkt irgendwie
schief", meinen die meisten unserer Gruppe, aber aus sta-
tischen Gründen ist das sicherlich sinnvoll, wenn auch
nicht gerade alltäglich.

Auf einer großen Terrasse machen wir eine kleine Pause
und lassen uns die Überlegungen und Bauweise von Gaudí
erläutern. Während unser Reiseleiter gestenreich erzählt,
seile ich mich mal wieder etwas ab und suche mir ein paar
schöne Motive. Die ganze Terrasse misst vielleicht 30 Meter im Durchmesser und ist komplett mit weißen und bunten Kacheln bestückt; ebenso die gemauerten Sitzbänke,
die sich in Muschelform um den Rand der Plattform
schmiegen. Von dort aus habe ich einen guten Ausblick
über die Stadt, aber vor allem auf einige Gebäude, die
Gaudí selbst gestaltet hat und die sich daher von den ‚normalen' Häusern abheben: Sie haben alle schlanke Türm-
chen und leuchten – wie die Terrasse – in weißen und bunten Kacheln; rechte Winkel findet man dort nur ganz selten. Da es die Sonne gut mit uns meint, entstehen auch hier
wieder viele Aufnahmen.

Zum Abschluss der Besichtigung besuchen wir noch das, was sich unter der Terrasse befindet. Hier entstand eine große Markthalle mit unzähligen Säulen, die das Dach tragen, also die Plattform, auf der wir vorhin noch standen. Auch hier sind die Säulen zumindest am Rand wieder abstützend nach innen geneigt. Dass die ganze Decke mit bunten Kacheln verziert ist, empfingen wir fast schon als selbstverständlich; á la Gaudí eben. Und wie der Brunnen mit einer riesigen Echse entlang der Haupttreppe gestaltet ist, brauche ich wohl nicht mehr zu erwähnen!

Eine halbe Stunde Freizeit im Park, dann werden wir wieder zusammengetrommelt. Erst der Bus und dann die Albatros warten schon, und statt in unsere Kabine gehen wir gleich mal auf das Sonnendeck, denn der Kapitän – heute unter Kontrolle seiner Ehefrau – steht bereits auf der Nock und hat wohl nur noch auf unseren Bus gewartet, um das Signal zum Ablegen geben zu können. Und das geschäftige Treiben auf dem Mooringdeck, wo die Decksmänner mit den schweren Trossen hantieren, ist für uns leidenschaftliche Seefahrer immer wieder faszinierend.

Quo vadis, Benidorm?

Der Nachmittag steht quasi auch wieder zur freien Verfügung, zumindest solange wir uns an Bord bewegen. Wir sind auf dem Weg zum zweiten spanischen Hafen; dem

beliebten Ferienort Benidorm, wo wir morgen früh ausgebootet werden sollen. Bis dahin versuchen wir heute mal
etwas gegen die Ansätze von Rettungsringen um die Kör-
permitte zu unternehmen. Der Fitnessraum gehört uns sogar ganz alleine, und so probieren wir nacheinander die
meisten der Foltergeräte durch. Traudl hängt wieder mit
Vorliebe an den Maschinen für die Arm- und Rückenmus-
keln, ich arbeite an meiner Kondition auf dem Laufband
und am Crosstrainer. Voller Stolz triumphiert meine Gattin: „Heute habe ich schon etwas mehr Gewicht auflegen
können!", während ich noch mit meinen ersten Kilometern
kämpfe. Schließlich habe ich mir genügend Reserven ab-
gestrampelt, die ich aber heute Abend locker wieder auf-
füllen kann.

Das Abendprogramm in der Atlantik-Lounge wollen wir
heute mal ignorieren, im Kino läuft auch nicht gerade ein
Reißer, und darum machen wir es uns erst mal an Deck
gemütlich und genießen einen Sundowner in Form der beiden Tagescocktails ‚Evening Breeze' und ‚Planters
Punch'. Eigentlich ist es noch angenehm warm, aber das
merken wir nur im Windschatten am Heck, sonst zieht es
doch ziemlich stark. „Ob wir Gegenwind haben? Denn so
schnell kann unser Schiff doch gar nicht unterwegs sein,
dass so ein Fahrtwind entsteht!", überlege ich laut, während wir uns einen geschützteren Platz suchen. Aber dann
bleiben wir eine ganze Stunde sitzen und lassen den Tag
nochmal Revue passieren. Gaudí hat uns doch sehr beein-
druckt mit seiner unorthodoxen Bauweise. Dabei starren

wir die meiste Zeit ins Kielwasser, das im Licht der untergehenden Sonne in vielen Farben glitzert.

Kaum ist die Sonne weg, wird es aber auch hier ungemütlich frisch. Einen kleinen Umweg auf dem Weg zur Kabine machen wir dann aber doch noch und schauen beim Gesangsduo in der Casablanca-Bar auf dem Promenadendeck vorbei. Tatsächlich schwingt ein Pärchen zu ‚Paloma Blanca' auf dem Parkett das Tanzbein. Wir blicken uns stumm fragend an und entscheiden uns dafür, weiterzugehen und den Tag in unseren vier Wänden zu beschließen.

~.~

Als wir aufwachen, ist es nahezu still um uns herum. „Wir sind wohl schon auf Reede", schließe ich aus dem fehlenden Motorengeräusch. Selbiges ist sonst zwar nicht besonders störend, da es recht gleichmäßig durch das ganze Schiff dringt, aber es fällt eben auf, wenn es mal fehlt. Der Blick aus dem Fenster bestätigt meine Vermutung: Die Skyline von Benidorm im Morgenlicht glänzt zu uns herüber. Der Uferstreifen ist nahezu vollgepflastert mit Hochhäusern, und aus deren Mitte ragt ein Gebäude in Form eines Doppelturms heraus, zwischen dessen Spitzen ein mehrstöckiger Einsatz wie eine überdimensionale Eistüte hängt. „Das ist ja ein interessantes Gebäude, aber die anderen Häuser sind einfach nur hässlich – vor allem, weil sie so eng aneinander stehen." Der Meinung meiner Frau kann ich mich nur anschließen. „Da ist es ja am Ballermann noch schöner!", setze ich dem gemeinsamen Urteil die Krone auf. Dort gibt es wenigstens noch einen breiten Uferstreifen, der hier fast völlig fehlt.

Bei uns zuhause scherzen wir immer, das Beste an München sei die Bahn nach Augsburg. In Benidorm ist es wohl die Straße in die naheliegenden Orte Alicante und Elche. Und genau diese beiden Orte werden wir heute ansteuern; allerdings getrennt, denn wir konnten uns nicht auf eines der Ausflugsziele einigen. Nach dem Frühstück heißt es also mal wieder Abschied nehmen, wenn auch nur für ein paar Stunden. Ich muss als erster los, und darum stelle ich mich schon mal für die Busfahrt nach Elche an. Immerhin sind es etwa 70 km dorthin, also fast eine Stunde Fahrzeit, und die Tenderei von unserer Albatros bis zum Hafen von Benidorm dauert auch noch gut 20 Minuten.

Aber es lohnt sich. Zunächst werden wir an einem großen Park abgeladen, der mit seinen Hunderten von Palmen bereits großen Eindruck schindet. Dazu kommen aber noch etliche Statuen und Brunnen, teils modern, teils klassisch. „Warum tragen viele Palmen ein Täfelchen in einer Höhe von zwei bis drei Meter?", fragen erst wir uns gegenseitig, dann aber auch unsere Reiseleiterin, wie üblich in den Bordfarben. Wir erfahren, dass einige der Palmen einen Sponsor haben, der für ihren Unterhalt aufkommt. Und diese Spender dürfen sich dann mit einem Täfelchen am Stamm ihrer Palme verewigen. Am meisten Aufmerksamkeit zieht aber eine Marienstatue auf sich, die aussieht, als ob sie senkrecht in lauter dünne Scheiben geschnitten worden wäre und dann – jeweils mit etwas Abstand – wieder zusammengesetzt wurde.

Die Iberer, die Römer und die Mauren haben vom 6. Jh. vor bis zum 8. Jh. nach unserer Zeitrechnung die Stadt maßgeblich geprägt. Das können wir noch an vielen Mauerresten entdecken, die freigelegt und gut konserviert wurden. Dazwischen stehen immer wieder Orangenbäume, die voller Früchte hängen. Auf die Frage „Warum werden die Orangen nicht geerntet?", weiß unsere Führerin auch eine Antwort: es seien alles Bitterorangen, die nicht zum Verzehr geeignet sind.

Mein Tipp

Kirchen sind in den südlichen Ländern oft sehr schwierig innen zu besichtigen; entweder sind sie gerade abgeschlossen oder es findet ein Gottesdienst statt. Dann aber bitte nicht stören!

In die große Kirche des Ortes können wir leider nicht hinein; es findet gerade eine Messe statt. Nur durch ein kleines Fenster in der Tür können wir nacheinander einen Blick hineinwerfen. Das romanische Kirchenschiff ist nicht gerade üppig verziert, aber der Altar wirkt, wie wenn er aus Gold wäre.

Mehr ist nicht zu sehen. Aber vor der Kirche wird es langsam lebendig! Von allen Seiten strömen weiß gekleidete Kinder, Buben wie Mädchen, in Begleitung ihrer Großfamilien auf den Platz. Kommunion! Richtig, heute ist Sonntag, und offensichtlich so etwas wie ein ‚Weißer Sonntag'.

Auf meine Bitte hin darf ich auch eine Gruppe der hübsch herausgeputzten Mädchen fotografieren; die Buben halten sich lieber im Hintergrund.

Viel zu schnell müssen wir aber wieder weiter, wenn auch nur ein paar hundert Meter. Dort wartet der ‚Priestergarten' auf uns. „Der ‚Huerto del Cura' besteht seit Mitte des 19. Jh. und wurde ursprünglich von einem Kaplan angelegt, der seine ganze Liebe in die Anlage dieses Gartens steckte. Auf 13000 qm wachsen hier zwischen den Dattelpalmen noch zahlreiche Granat-, Orangen-, Zitronen- und Feigenbäume", liest uns die Reiseleiterin aus ihren Unterlagen vor. Ein Schuhfabrikant habe dann den Garten übernommen und weiter ausgebaut, so dass heute ein ganzer Bereich den Kakteen gewidmet ist und dazwischen mehrere Wasserläufe und Brunnen zum Spazierengehen einladen. Und genau das tun wir auch 45 Minuten lang. Dabei stolpern wir schon fast über eine fünfköpfige Pfauenfamilie, deren Vater sein schönstes Rad für uns schlägt.

Langsam läuft der Auslöser meiner Kamera heiß, aber da wartet schon eine Erfrischung auf uns: An einem langen Tisch wurde inzwischen eine Theke aufgebaut, an der sich diverse Schalen mit Datteln und Dattelprodukten aneinanderreihen: frische und getrocknete Früchtchen – dabei neben den Datteln auch Feigen –, Dattelbrot, Dattelmus, Dattelkuchen mit Mandeln; es dattelt nur so. Für einige unserer Gruppe kommt aber der Höhepunkt der Verkostung am Ende des Tisches: ein Dattellikör und sogar ein Dattelschnaps. Da ja meine Frau nicht bei diesem Ausflug dabei

ist, möchte ich ihr gerne so einen Dattelkuchen mitbringen
– habe aber die Rechnung ohne die Kirche gemacht: Es ist
Kommunion-Sonntag, und alle Geschäfte haben zu!

Nachdem wir nun frisch gestärkt sind, zeigt man uns noch
den botanischen Höhepunkt des Parks, die ‚Imperial-
palme‘. Das ungewöhnliche Gebilde besteht aus einem
‚normalen‘ Palmenstamm, der sich – aus welchen Gründen auch immer – in etwa einem Meter über dem Boden
in sieben Stämme verzweigt hat. Von dort wuchsen nun
sieben richtig große Palmen in den Himmel, von denen jedoch vor einigen Jahren eine bei einem Sturm abgebro-
chen ist.

Mit diesem erstaunlichen Eindruck im Gedächtnis geht es
die 70 km in fast einer Stunde auf der ‚Schnellstraße‘ zurück zu unserem Schiff, vorbei an Alicante, wo sich möglicherweise meine Frau zur-
zeit noch mit ihrer Gruppe
aufhält. Auf der Albatros angekommen, finde ich in unserer Kabine einen Zettel
vor: „Bin an der Kopernikus-
Bar.“ Darunter ein Herzchen
und ein ‚T‘. Sie war dem-
nach doch schneller und will

> **Mein Tipp**
>
> *Wer nach oder in die Nähe von **Elche** kommt, muss dann unbedingt in den **Priestergarten**! Einen schöneren botanischen Garten gibt es weit und breit nicht.*

nun sicher wissen, was ich so erlebt habe. Also nichts wie
hinauf zur Bar am Heck. An einem kleinen Tischchen neben der Reling sitzt sie und schreibt ihre Eindrücke ins Tagebuch. Ich schleiche mich von hinten an und halte ihr

stumm die Augen zu. „Ach, da bist du ja!", ist ihre zufriedenstellende Reaktion. Es hätte ja auch „Paul? Dieter? Klaus?", oder etwas anderes eindeutig Zweideutiges sein können. Lachend setze ich mich zu ihr und bestelle erst mal eine große Flasche Wasser. Und dann muss ich zuerst erzählen. Sie bedauert es auch, dass ich nichts von den leckeren Dattelspezialitäten mitbringen konnte und will dafür meine Fotos sehen; aber dazu ist es hier in der Sonne einfach zu hell; wir verschieben das auf später in der Kabine.

Alternativprogramm Alicante

„Aber wie war es denn bei dir?", will ich nun wissen, nachdem ich meine Erzählung erst mal beendet habe. Sicher fällt mir später noch das eine oder andere Detail ein, aber das kann ich ja nachreichen. „Heiß!", ist die erste Antwort, die ich spontan bekomme. „Heiß und staubig,", ergänzt meine Frau noch, „aber die Lage von Alicante ist schon eindrucksvoll. Teilweise stehen die Häuser direkt an der Steilküste, und darüber wacht eine große Festung mit einem herrlichen Ausblick." Aber ich lasse sie hier mal selbst erzählen:

Nach einer halbstündigen Busfahrt begrüßte uns die Stadt Alicante mit ihren üppig lila blühenden Jacaranda-Bäumen, die viele Straßen zieren.

*Wir gelangten über die ,Explanada de España',
eine breite und wunderschön von Palmen einge-
säumte Fußgängerstraße, ins Zentrum der Stadt.
Zunächst etwas irritierend war das dort verwen-
dete Pflaster, denn es sah aus wie aus lauter weißen, roten und blauen Wellen zusammengesetzt,
obwohl es natürlich doch ganz eben war. Vom Rat-
hausplatz aus versuchten wir zunächst zwei der
umliegenden Kirchen zu besichtigen, doch unsere
örtliche Führerin hatte nicht berücksichtigt, dass
dies an einem Sonntagvormittag gar nicht möglich
ist. Überall fanden Gottesdienste statt! So verlie-
ßen wir das Herz von Alicante wieder und wurden
am Strand zu einer Verkostung der Mandelmilch
eingeladen. Diese hier produzierte Spezialität
schmeckte auch köstlich. Leider blieb es bei einem
Minibecher pro Kopf.*

*Frisch gestärkt ging es hinauf zum ,Castillo de
Santa Bárbara', denn von dort hat man einen gran-
diosen Blick auf die Stadt, den Hafen und die
Küste. Diese Burg, eine der größten Anlagen dieser Art in Europa, thront auf 166 m Höhe. Zwischen den Zinnen hindurch konnten wir sogar in
weiter Ferne ,unser' Schiff auf Reede vor Benidorm entdecken.*

Auch Traudl hat mit unserem Zweitfotoapparat einige
Aufnahmen gemacht, aber auch diese werden wir uns erst

später in einer dunkleren Umgebung ansehen. Als Fazit bleibt uns aber, dass sich beide Ausflüge gelohnt haben.

Langsam wird es um uns herum immer leerer, die Kopernikus-Bar ist schon fast verwaist, nur zwei Bedienstete räumen noch das Geschirr weg. Es ist Mittag! Anscheinend strebt jetzt alles zu den Restaurants. Und da wir heute ja auch schon einige Kilometer zu Fuß zurückgelegt haben, gönnen wir uns wieder ein mehrgängiges Menü in der ‚Möwe'. Während wir auf das Servieren des ersten Ganges warten, ziehe ich das Tagesprogramm aus meiner Hosentasche und überlege, was wir uns am heutigen Nachmittag vornehmen können.

„Halte dich lieber mit dem Mittagessen etwas zurück! Heute Nachmittag ist das große Schokoladenbuffet angesagt", empfehle ich Traudl, denn ich weiß, das werden wir uns sicher nicht entgehen lassen. Die Küchenchefin der Süßwarenabteilung Roberta ist bekannt für ihre Kreationen, die eigentlich viel zu schade sind, um verspeist zu werden.

> **Mein Tipp** *Behalten Sie stets das Tagesprogramm im Auge! Wenn mal ein* **besonderes Buffet** *angesagt ist, lohnt es sich immer, etwas Hunger dafür aufzubewahren.*

Es bleibt also bei den bestellten drei Gängen zu Mittag, und wir holen uns auch nur ein einziges Mal einen Teller vom Salatbuffet.

Süßer Nachmittag

Um 15 Uhr 30 ist es soweit. Zunächst dürfen nur die Fotografen und Fotogräfinnen ins Restaurant, und da bin ich natürlich dabei. Aber es fällt schwer, nicht direkt zuzulangen! Eine bunte Symphonie aus allerlei Süßigkeiten füllt jetzt den Platz, an dem noch wenige Stunden zuvor das Salatbuffet aufgebaut war. Was nicht auf die lange Theke gepasst hat, wurde auf den Tischen ringsum platziert. Die Wichtel aus Ananas, Orangen und Kirschen zieren auch manchmal andere Buffets, aber das ‚Aquarium', gefüllt mit unterschiedlichen Melonen-Fischen, ist neu. Weiter vorne steht ein Flügel – nicht der zum Fliegen, sondern der zum Musizieren! – im Miniformat, dafür ganz aus Schokolade mit Tasten aus Halbbitter- und weißer Schokolade. Dazu passend präsentiert sich eine Gitarre in Originalgröße und aus verschiedenen Schokoladesorten, schön verziert mit dem ‚Albatros'-Schriftzug. Diese Dinge sind aber nicht zum Essen gedacht. Deshalb stehen dazwischen unzählige Gläschen mit diversen Cremes, Tabletts mit allerlei bunten Schnittchen und natürlich eine Auswahl an Kuchen, bei der jeder Konditor vor Neid erblassen würde. Die Schokokekse, Eisbomben und Marzipanblumen kann ich gar nicht alle fotografieren. Das wird nun auch schwieriger, da inzwischen die Türen für die Naschkatzen und -kater geöffnet wurden.

Jetzt stürzen sich anscheinend alle Passagiere auf einmal auf das so schön hergerichtete Buffet, und im Nu leidet es unter dem Raubbau der Massen. Auch Traudl ist wieder neben mir und hält mir einen leeren Teller hin mit den Worten: „Bei den Tellern ist die größte Schlange!" Also stecke auch ich meine Kamera in die Tasche und angle mir ein paar kleinere Petit Fours und ein Glas mit einer Creme; was es ist, wird sich erst noch zeigen müssen. Dummerweise komme ich beim Weg zu einem freien Tisch an einer Eierlikörtorte vorbei – oder besser gesagt, ich komme nicht daran vorbei – und genehmige mir auch dort noch ein Stück. Mit meinem vollen Teller schäme ich mich schon fast, aber es ist eben alles so verlockend! Der Steward bringt uns schnell die bestellten grünen Tees, und während wir die Köstlichkeiten verdrücken, beobachten wir die anderen Passagiere. Die einen wählen sehr bedächtig gerade mal ein einziges Stück nach langem Überlegen aus und schreiten damit wie mit einer Siegestrophäe zum Tisch, die anderen laden sich ihren Teller voll, als ob sie die nächsten sieben Tage nichts mehr zum Essen bekommen würden. Manch einer oder eine schafft es dann nicht einmal, seinen oder ihren Teller heil zum Tisch zu befördern und hinterlässt unschöne Spuren auf dem Teppich. „Wie bei der ‚Schlacht am kalten Buffet'!", stellt meine Gattin zu Recht fest und ich beginne, die Melodie dazu vor mich hin zu summen.

„Für mich fällt das Abendessen heute aus!", meine ich, nachdem ich meinen Teller nur mit Mühe geleert habe.

Traudl wiegt den Kopf hin und her: „Höchstens noch ein kleiner Salat!"

~.~

Und wir machen Ernst mit unserem Abendessen. Jeder holt sich einen bunten Salat von Buffet, und wir schicken den Ober wieder weg, ohne etwas aus der Karte zu bestellen! Nur etwas zu Trinken erlauben wir uns noch. Die Anderen an unserem Tisch schauen erst etwas skeptisch und vermuten, dass wir vielleicht Magenprobleme haben könnten; aber wir beruhigen sie und verweisen auf das Schokoladenbuffet, das gerade erst drei Stunden hinter uns – oder genauer ausgedrückt – in unseren Bäuchen liegt.

Weil wir so auch recht früh schon mit dem Abendessen fertig sind, finden wir in der Atlantik-Show-Lounge diesmal einen sehr guten Platz. Obwohl natürlich auch heute wieder die Diskussion aufflammt, ob wir ganz vorne sitzen wollen, wo die Akteure zum Greifen nah sind (meine Ansicht) oder lieber in den hinteren Reihen, wo eine Aufforderung zum Mitmachen eher unwahrscheinlich ist (Traudls Meinung). Mit einem Kompromiss sind wir schließlich beide zufrieden, und bestellen uns gleich noch die Tagecocktails bevor das Licht ausgeht.

Und das Licht geht tatsächlich nahezu vollständig aus; die Show für heute Abend heißt ‚Illumina' und wird von Lichteffekten aller Art dominiert. Die jungen Damen des Bord-Ensembles singen und tanzen im Spotlicht oder mit LED-Kostümen. Aber am besten gefällt uns das ‚schwarze

Theater', in dem Phantasiefiguren in leuchtenden Farben vor dem dunklen Hintergrund ihre Kunststücke zeigen und dazu singen. Langeweile kommt bei diesen Darbietungen garantiert bei niemandem im Publikum auf, und die Stunde geht eigentlich viel zu schnell vorbei. Entsprechend groß ist der Applaus.

Jetzt, wieder in der Kabine, kommen wir endlich dazu, uns die Fotos von heute Vormittag in Ruhe anzuschauen. Gegenseitig erklären wir uns nochmal die Highlights der Ausflüge nach Elche und nach Alicante, und Traudl notiert sich die wichtigsten Punkte meiner Bustour in ihr Tagebuch.

Warm, wärmer, Almeria

Heute ist schon der siebte Tag unserer Reise! Wie die Zeit vergeht... Auf dem Programm steht ein Ausflug in Almeria, wo auch unsere Albatros im Hafen liegen wird. Also keine weiten Busfahrten, dafür ist Zeit für eine Tapas-Verköstigung eingeplant; schließlich sollen wir hier in Spanien auch den landestypischen Snack kennenlernen.

Aber noch sind wir nicht in Almeria. Laut Tagesprogramm legen wir gegen 9 Uhr an, und da bleibt noch genügend Zeit für ein schönes Frühstück. Am Tisch erfahren wir von unseren Nachbarn, dass sie den Überlandausflug nach Granada gebucht haben. Das heißt aber auch, viele Kilometer mit dem Bus zurückzulegen, und erst heute Abend im nächsten Hafen Motril kommen die Ausflügler wieder an Bord. Das erschien uns bei der Buchung der Ausflüge einfach zu unbequem, obwohl Granada sicher sehr reizvoll gewesen wäre. Aber dafür 6 h – in Worten ‚sechs Stunden' – im Bus durch die Landschaft geschaukelt zu werden, das ist es uns nicht wert; schließlich sind wir auf einer Kreuzfahrt und nicht auf einer Busreise!

Noch während wir beim Frühstück über die Vor- und Nachteile der Ausflüge diskutieren, nähert sich das Land wieder merklich unserem Schiff. Auch die ersten Häuser sind zu sehen, und wir schaffen es gerade noch rechtzeitig, auf das Promenadendeck zu gehen und von dort die Umgebung von Almeria zu bestaunen: endlose weiße Flächen ziehen sich die flachen Hänge hinauf. „Da kommt unser Obst und Gemüse her!", weiß Traudl, denn in den Supermärkten werden oft kistenweise Avocados, Mangos, Tomaten, Orangen, Auberginen, Gurken und so weiter aus Spanien angeboten. Und die gedeihen hier unter den vielen Quadratkilometern von Schutzplanen und werden künstlich bewässert, was in der Folge zu einem großen Wassermangel in den Dörfern und Städten führt.

Langsam können wir nun aber auch die Einfahrt in den Hafen verfolgen. Im Gegensatz zu Benidorm dominieren hier ältere, oft mehrstöckige Gebäude und keine modernen Hochhäuser, aber Almeria scheint doch eine recht große Stadt zu sein. Weit oben überragt eine Festung den Ort, dort werden wir laut Programm später selbst herumlaufen

▲ Font Màgica, Barcelona   ▼ Alicante

▲ Burg Alcazaba, Almeria   ▼ Kap Spartel, Tanger   ▲ Tapasbar, Alm

▲ Hercules-Grotten, Tanger ▼ Lissabon ▲ Kap Sankt Vinzenz, Sagres

▲ Entdeckerdenkmal, Lissabon
▼ Schwebefähre, Getxo

▲ Straßenbahn, Lissabon
▼ Guggenheimmuseum, Bilbao

können. In einer Viertelstunde müssen wir schon am Sammelpunkt in der Lounge sein, also heißt es: schnell in die Kabine und unsere Standardausrüstung holen. „Kamera, Wasser, Sonnenhut, Bordausweis und etwas Geld – es kann losgehen!",

> **Mein Tipp** *Bei Busausflügen gibt es häufig mehrere Busse mit gleichem Ziel. Versuchen Sie in den **letzten Omnibus** zu kommen; der ist oft nur halb besetzt!*

kommandiere ich, aber dann fällt mir ein, dass wir ja wieder versuchen sollten, in den letzten Bus unserer Tour zu kommen; aus Platzgründen eben. Also gehen wir doch in gemütlichem Tempo nach oben und warten erst mal ab, bis die Schlange für unseren Ausflug kürzer geworden ist; erst dann stellen wir uns auch mit an. Wir werden Bus Nummer 3 zugeteilt, mit etwa einem Dutzend anderer Passagiere. Und es hat auch wunderbar geklappt: wir sitzen in einem nicht einmal halbvollen Omnibus und fahren quer durch den Ort gleich hinauf zur ‚Alcazaba‘, der Festung aus dem 10. Jh. Nach dem Aussteigen vor dem großen Tor in der mächtigen Mauer meldet sich unsere weibliche Reiseleitung zu Wort: „Eigentlich ist die Burg heute geschlossen, weil am Montag alle Museen zu sind. Wir bekommen aber eine Sonderführung in etwa zehn Minuten!" Verhaltener Applaus erklingt, denn auch jetzt ist es schon unangenehm heiß und dazu windstill. Jeder flüchtet sich in den spärlichen Schatten einiger Palmen, und mir wird schon fast angst bei dem Gedanken, wie heiß es oben zwischen den aufgeheizten Mauern werden wird. Ob da mein

Fläschchen mit Wasser ausreicht? Vorsichtshalber springe ich über die Straße in eine kleine Bar, wo einige Einheimische sich ihren zweiten Kaffee schmecken lassen. Ich will aber eine Flasche eiskaltes Wasser und bekomme es auch problemlos, denn der riesige Kühlschrank steht direkt neben dem Tresen und ich kann mich selbst bedienen. Mit meinem Spanisch alleine wäre ich sicher nicht sehr weit gekommen.

Gerade, als sich unsere Gruppe anschickt, das nun offene Tor zu durchqueren, stoße ich mit meiner Beute hinzu. Über grobes Kopfsteinpflaster geht es zunächst durch mehrere dieser gewaltigen Tore, bis wir schließlich oben ankommen. Oben, das heißt in einem großflächigen, fast ebenen Gelände in der Größe eines Fußballplatzes, dessen Umrandung an drei Seiten aus wenig Schatten spendenden Gebäuden besteht. An einer Kante wurde ein kleiner Brunnen angelegt, um den sich trotz der Hitze viele Pflanzen und einige niedere Bäumchen halten können. Etwa in Platzmitte steht eine gewaltige Kiefer, und unter ihr gedeihen einige Strelitzien und Malven. Die gut erhaltenen Mauern werden gelegentlich durch das Blau und Lila der Jacarandas unterbrochen; sonst dominieren beige bis braun, Steine eben: mit Steinen gepflasterter Boden, aus Steinen errichtete Mauern und Mäuerchen, steinerne Häuser und gemauerte Türme. Nur eines gibt es leider nicht: Schattenspender aus Stein. Daher sammeln sich unsere Mitleidenden unter den breiten Torbögen und an der einen nicht beschienenen Häuserwand. Meine kalte Wasserration ist schon lange aufgebraucht, als wir uns wieder zum Verlassen der Anlage sammeln.

Jeder freut sich jetzt schon auf den klimatisierten Omnibus, aber vor dem Ausgangstor steht kein Bus! „Wir gehen jetzt zu Fuß durch den Ort!", hören wir von unserer Anführerin. Ein Raunen geht durch die Gruppe. „Der Bus holt uns dann wieder im Zentrum ab und bringt uns zur Tapas-Bar." Na, wenigstens ein Trost!

Schwarze Madonna

Eigentlich ‚gehen' wir nicht in den Ort, sondern wir huschen von Schatten zu Schatten. Nach ein paar Minuten erreichen wir auf diese Weise einen großen, mit hohen Palmen bestandenen Platz vor der Kathedrale von 1524. Der festungsähnliche Bau macht viel her, nur hinein lässt er uns nicht. Auch hier gilt wohl: entweder ist ein Gottesdienst oder die Kirche ist verschlossen. Gottesdienst ist aber gerade keiner, und so drücken wir uns an den Wänden entlang um zwei Ecken und stehen wieder vor einer Kirche; zwar einer deutlich kleineren, aber zumindest hat sie eine offene Tür! Und dieses Gotteshaus lohnt wirklich einen Besuch! In dieser, der Mutter Gottes geweihten Kirche ‚Madonna del Mare', steht ein Kleinod, das einen Besuch wert ist: die ‚Schwarze Madonna von Santo Domingo'. Die reich geschmückte Marienfigur ist nur eine von vielen

Marienbildnissen in dieser Kirche, und in Vertretung aller anderen geschlossenen Gotteshäuser fotografiere ich die Statuen von allen Seiten. Und noch eine bemerkenswerte Eigenschaft ist hier zu finden: eine angenehme Temperatur!

Mit „Wir müssen zu unserem Bus!", fordert unsere Reiseleitung die Gruppe auf, zumindest kurzzeitig wieder in die Hitze hinauszugehen. Und tatsächlich, wir können ohne langen Aufenthalt im Freien direkt neben der Kirche in den Bus einsteigen. Aber eigentlich lohnt sich der Bustransfer zu unserem nächsten Besichtigungspunkt nicht. Keine fünf Minuten später, in denen sich der Busfahrer durch die engen Straße Almerias quält, heißt es schon wieder aussteigen. Ohne weitere Aufforderung folgen wir alle unserer Anführerin in ein Delikatessengeschäft, in dessen Schaufenster eine Menge Weinflaschen sowie diverse Nudelprodukte liegen und von der Decke unzählige Schinken hängen. Letztere bestimmen auch den Geruch, der den ganzen Laden durchströmt. „Schau mal, die kleinen Schirmchen unter jedem Schinken!" Meiner Frau fallen sie zuerst auf: kleine Behälter wie umgedrehte Schirme, die wohl verhindern sollen, dass die Schinken beim Trocknen ihr austretendes Fett auf den Boden oder gar auf die Kunden tropfen lassen. Wir werden durch das lukullische Paradies hindurch in einen Nebenraum geführt, wo für uns Tische mit diversen Tapas und Wein bereitstehen. Die Brötchen mit dem luftgetrockneten Schinken sind allseits sehr begehrt, nur jene mit einer Art Eierstich finden keinen großen Anklang. Chips und Datteln gehen auch, und Traudl und ich teilen uns ein Glas Wein.

„In 15 Minuten treffen wir uns wieder am Bus vor der Tür!", wird als neues Ziel ausgegeben, aber davor steht noch die Entscheidung, welche der Spezialitäten es mit uns aufs Schiff schaffen werden. Die Wahl fällt auf einen eingeschweißten Schinken – leider keine der ganzen Keulen, wie sie so verlockend von der Decke hängen –, sondern auf eine etwa 500g schwere, nahezu würfelförmige Portion. Dazu gibt es noch eine kleine Tüte mit Schinkenschnipseln, die für unterwegs zum Vernaschen gedacht sind. „Jetzt wird es aber Zeit, ich will nicht der Letzte sein!", drängle ich meine Gattin, die noch immer in der Schlange zum Bezahlen steht. „Ach was, hinter uns stehen auch noch Leute vom Bus", versucht sie mich zu beruhigen.

Wohlbehalten kommen wir zur Albatros zurück und sind froh, wieder in der klimatisierten Umgebung zu sein; obwohl ich schon ein Kratzen im Hals fühle, dem der Wechsel zwischen natürlicher Hitze und künstlicher Kälte nie besonders guttut.

> **Mein Tipp** *Planen Sie bei Ihrem Reisebudget immer etwas für **spontane Einkäufe** mit ein. Es wäre schade, wenn Sie auf die verlockenden Angebote verzichten müssten!*

~.~

Motril – ein Hafenstädtchen, das eigentlich keiner weiteren Erwähnung bedarf. Am späten Nachmittag kommen wir dort an und werden von einer Tanz-Darbietung direkt auf der Pier vor unserem Schiff begrüßt. Ein elegantes Paar tanzt einige Flamencos zu Konservenmusik und vertreibt uns die Zeit, bis schließlich die Ausflügler von Granada mit ihrem Bus ankommen. Offensichtlich sind sie alle froh, die lange Busfahrt überstanden zu haben und drängen jetzt über das schmale Fallreep auf die Albatros. Ich aber quetsche mich gegen den Strom nach draußen, um von den Tänzern ein paar bessere Aufnahmen zu machen, als es vom Promenadendeck aus – quasi aus der Vogelperspektive – möglich wäre.

Von Europa nach Afrika

Der Kapitän kann pünktlich das Schiffshorn tuten lassen, denn es geht weiter Richtung Süden, und auch ich habe es noch rechtzeitig an Bord geschafft. Wir werden für einen kurzen Abstecher Europa verlassen und Marokko, genauer gesagt Tanger ansteuern. Aber davor liegt noch die Straße von Gibraltar, die wir jedoch leider nur bei Nacht passieren werden.

Jetzt geht es erst mal zum Abendessen, und wir sind beide gespannt auf die Erzählungen über Granada. Auch unsere Tischrunde ist wieder komplett, und die Meinungen über den langen Ausflug gehen von „sehr stressig, wegen der langen Fahrt und der knappen Zeit an der Alhambra" bis zu „wunderschön – würde ich immer wieder machen". Wir nehmen uns daraufhin vor, mal einen separaten Urlaub im Süden Spaniens einzuplanen, dabei ersparen wir uns die Hetzerei und können die Sehenswürdigkeiten ausgiebig genießen. Dann gibt es eben mal eine Flugreise statt einer Kreuzfahrt!

Das Abendessen selbst lassen wir heute zwar nicht ausfallen, nehmen aber nur zwei der vier Gänge aus dem Menü – und natürlich etwas Salat. Unsere Kapazitäten müssen für den Mitternachts-Imbiss aufgespart werden, denn heute ist an Bord ein Tapas-Buffet angekündigt. Zum Glück ist das ‚Mitternachtsbuffet' nicht so wörtlich zu nehmen; es beginnt üblicherweise spätestens um 23 Uhr, manchmal auch schon etwas früher. Bis dahin sitzen wir an Deck und lassen in der Ferne die Lichter von Málaga und Marbella an uns vorbeiziehen. Bei den üblichen ‚Cocktails des Tages' reden wir nicht viel, wir genießen einfach die angenehme Temperatur und den leichten Fahrtwind. Meine Gedanken schweifen dabei von dem, was wir auf dieser Reise schon alles gesehen haben zu unserer Familie nach Hause, und ich bedaure ein bisschen, dass sie nicht mit uns diese Reise erleben kann. „Früher hätten wir gar keine Zeit für so eine Reise gehabt!", sagt Traudl plötzlich, ohne dass ich ihr meine Überlegungen verraten hätte. Stimmt; unser Sohn und unsere Schwiegertochter arbeiten beide, und in der Freizeit bleibt immer etwas am Häuschen zu erledigen – genau wie es vor rund 30

Jahren bei uns auch war. „Und vom Geld mal ganz zu schweigen", füge ich nachdenklich hinzu. Dann ist wieder Sendepause und wir lauschen nur noch den alten Schlagern, die aus einer der Bars zu uns nach draußen dringen.

Tapas-Zeit! Im sogenannten ‚Wintergarten' vor der Casablanca-Bar ist schon ein rund fünf Meter langes Buffet aufgebaut. In dessen Mitte ragt über alle Köstlichkeiten eine Eisfigur heraus, die einen Vogel darstellt, der gerade einen Fisch aus dem Wasser zieht. Rundherum reihen sich Platten mit Oliven, Salami, eingelegten oder geräucherten Fischchen, Käsewürfel unterschiedlichster Sorten und Körbchen mit Obst aneinander. Am Ende des Tisches schnippelt an einem Schinkenknochen ein Koch herum, wie ich ihn gerne aus der Tapas-Bar in Almeria mitgenommen hätte – den Knochen, nicht den Koch. Diverse gebackene und frittierte Gemüse und Garnelen finden sich auf Etageren; Mini-Semmeln – pardon, Mini-Brötchen – und Tacos stehen auf einem Tischchen neben dem Besteck.

Während wir einige der Spezialitäten verdrücken, erkennen wir durch die Fenster einen dunklen Bergrücken auf der Steuerbordseite ins Meer ragen. „Ob das schon Gibraltar ist?", überlegen wir, sind uns aber nicht so sicher, da es fast keine Beleuchtung auf dem Felsen gibt. „Ich werde nachher auf dem Kabinenmonitor mal nachsehen, wo wir gerade sind", ist mein Vorschlag, um uns etwas Klarheit über die Position zu verschaffen. Wenn es wirklich Gibraltar ist, dann bin ich enttäuscht; ich habe mir eine hell erleuchtete Stadt mit etwa 35000 Menschen und einem ebensolchen, weit sichtbaren Militärstützpunkt vorge-stellt. Da ist aber so gut wie nichts zu sehen!

In der Kabine zeigt sich anhand der Karte auf dem Monitor jedoch, dass wir an Gibraltar schon vorbei waren und nur noch einen unbewohnten Zipfel Spaniens bei Algeciras gesehen haben. Inzwischen haben wir Europa verlassen und fahren schon an der Küste Afrikas entlang auf Tanger zu.

~.~

Die ersten Strahlen wecken uns bereits wieder auf, obwohl wir gestern erst ziemlich spät in die Betten gekommen sind. Der Motor läuft noch, also sind wir noch nicht am Ziel angekommen. Traudl hängt aber schon am Fenster und erstattet Bericht: „Wir müssen bald da sein. Da sind schon viele weiße Häuser, und vor uns scheint die Hafen-einfahrt zu sein." Es ist kurz vor 7 Uhr und Marokko war-tet auf uns!

Eine andere Welt

Wenn wir schon mal einen Abstecher nach Afrika machen, wollen wir auch etwas sehen; zumindest was im Rahmen des Ausflugsprogramms möglich ist. Wir haben daher den längeren Ausflug gebucht, der uns sowohl die Stadt Tan-ger als auch etwas von Land und Küste zeigen soll. Kon-sequenterweise beginnt unser Programm auch recht früh, was uns wieder weniger Zeit für das Frühstück lässt. Aber eine Stunde sollte wohl reichen!

Punkt 9 Uhr warten wir in der Atlantik-Show-Lounge auf unseren Aufruf, und das mit dem Warten auf den letzten Bus hat sich anscheinend erübrigt, nur ein kleines Häufchen Passagiere will mit uns Land und Leute kennenlernen. „Die anderen schauen sich halt lieber nur in der Stadt um", schließt Traudl aus dem geringen Interesse an unserer Fahrt. „Oder sie haben Angst, sich in die fremde Kultur zu stürzen?", biete ich als Alternative an.

Es wird 9 Uhr 10, es wird 9 Uhr 20, nichts passiert. Dann kommt die Durchsage: „Leider wurde bei der Planung übersehen, dass in Marokko die Zeit eine Stunde gegenüber unserer hinterherhinkt. Die Busse stehen daher noch nicht bereit. Wir bitte um etwas Geduld!" Es dauert dann auch nochmal gut 15 Minuten, bis wir in einem Reisebus sitzen, der vermutlich bei uns schon längst ausgemustert worden wäre. Aber er fährt, und das spüren wir auch bei jedem Schlagloch oder jeder Schwelle, über die das Gefährt rumpelt.

> **Mein Tipp** *Gerade in südlichen oder östlichen Ländern werden Standards anders interpretiert als bei uns. So sind auch die Busse gewöhnungsbedürftig, aber vermutlich die besten des Landes.*

Unterwegs stellt sich uns ein lokaler Guide vor, ein schlankes Männchen namens – wie kann es anders sein – Achmed. Er erklärt, dass er uns erst mal zu einem herrlichen

Aussichtspunkt lotsen wird, und auf dem Weg dorthin durchqueren wir einen ausgedehnten Kiefernwald. Die bunten Blumen haben mit dem Verlassen der Stadt schlagartig aufgehört, und die Bäume haben die Oberhand gewonnen. Nach ein paar Kurven zeigt sich aber wieder Leben auf und neben der Straße: Wir sind am ‚Kap Spartel' angekommen, rund 100 Meter über der Küste. Nur sehen wir zunächst sehr wenig vom Wasser, denn ringsum präsentieren Dutzende von Ständen Leder-, Stein-, Strick- und Töpferwaren aus hiesiger Produktion. ‚Stände' ist eigentlich schon zu viel gesagt; meist sind es nur auf dem Boden oder an Mäuerchen ausgebreitete Tücher, auf denen die Waren gezeigt werden. Wir sind uns aber gar nicht so sicher, ob nicht doch auf vielen Artikeln ein ‚Made in China' stehen müsste. Grellfarbige Seidenteppiche werden uns aufdringlich angeboten, und ein Eseltreiber möchte uns einmal um den Platz reiten lassen. Das gäbe doch ein schönes Foto, meint er. Am ehesten sprechen uns aber die Halbedelsteine an, die an einem kleinen Stand angeboten werden; besonders die großen Amethyst-Drusen haben es meiner Frau angetan. Aber es bleibt beim Anschauen.

„Eigentlich sind wir ja hierher gebracht worden wegen der schönen Aussicht!", erinnere ich uns. Wir lassen die Händler vergeblich ihre Waren anpreisen und gehen einfach ein paar Meter weiter weg vom großen Parkplatz. Und es stimmt: Von hier aus haben wir, zum ersten Mal auf dieser Reise, einen eindrucksvollen Blick auf den Atlantik. Fotogen präsentiert sich auch ein Leuchtturm im Vordergrund, und weit unten brandet der Ozean an einige aus dem Wasser ragende Klippen. Der Guide hat uns im Bus schon erklärt, dass hier die Strömung besonders intensiv sei, weil hier die Meerenge von Gibraltar beginnt und ein sehr starker Gezeitenstrom viermal am Tag einsetzt – zweimal ins Mittelmeer hinein, und zweimal wieder heraus. Die Schiffe nutzen dann gerne die Hilfe der Strömung, um Treibstoff zu sparen.

Der nächste Stopp erfolgt ein paar Kilometer weiter, diesmal direkt an einem kleinen Sandstrand. Eigentlich ein sehr ansprechendes Plätzchen, wenn nicht ein derartiger Sturm ginge, dass schon das Laufen schwerfällt. Trotzdem kämpfen sich die meisten unserer Busbesatzung vor bis zum Wassersaum, um zumindest einmal Finger- oder Zehenspitzen in das Atlantikwasser zu tauchen. Da es ja noch Vormittag ist, wachen hier die touristischen Angebote erst langsam auf. Als wir schon auf dem Rückweg zum Bus sind, erscheinen wie aus dem Nichts zwei Dromedare mit einem Kameltreiber und der will uns verlocken, ein paar Runden auf den Rücken der Tiere zu wagen. Schon aus zeitlichen Gründen entscheiden wir uns, die Tiere zu schonen, und setzen unsere Fahrt fort.

Nächster Stopp: Herkules-Grotten! Als das Highlight der Exkursion gepriesen, tauchen wir nun quasi in die Unterwelt ein. Nach ein paar hundert Metern Fußweg stehen wir am Eingang zu einer Grotte, die früher nur vom Meer aus zu erreichen war und auf Grund ihrer Größe ein Werk Herkules sein musste, wie die Legende erzählt. Erst 1920 wurde der Zugang vom Land aus geschaffen, so dass wir heute bequem die sonst natürlich entstandene Höhle besichtigen können, die auch schon bei den Phöniziern bekannt war, also schon vor Christi Geburt. Der Zugang von Meerseite ähnelt einem Schlüsselloch, oder – mit etwas Phantasie – einer Landkarte Afrikas. Dass auch hier vor der Höhle wieder allerlei handwerkliche Produkte angeboten werden, ist nach dem Aufenthalt am Kap Spartel nicht mehr überraschend; aber eigentlich beachten wir die Waren schon gar nicht mehr.

Der Abschluss unseres Ausflugs wird im Zentrum von Tanger mit einer kleinen Stadtführung gemacht. Unser Führer bringt uns zu den Sehenswürdigkeiten, die für Europäer besonders interessant sein müssen: einem kleinen Park mit der ältesten Eiche, einer ‚Hauptstraße' durch die Altstadt, an der kaum zwei kleine Autos aneinander vorbeikämen – und auch nur dann, wenn die unzähligen Touristen und Einheimischen Platz machen – und natürlich dem Basar. Letzterer ist eigentlich eher eine Markthalle, in der vornehmlich Obst, Gemüse, Fleisch und Fisch angeboten werden; alles offen, die Hühner hängen entweder bratfertig von der Decke oder ducken sich eingesperrt in kleinen Käfigen auf dem Boden. „Was kosten denn die Oliven in Euro?", interessiert sich meine Frau. „16 Dirham sind, geteilt durch 10 und etwas abgerundet, ungefähr 1 Euro 50", kalkuliere ich schnell. Und das ist der Preis für

1 kg! Dabei gibt es für diesen Preis nicht nur eben Oliven, sondern mindestens ein Dutzend verschiedener Sorten. Aber die leckeren eingelegten sind schon teurer: fast 2 Euro pro Kilogramm! An einem Stand mit frischen Datteln kommen wir dann aber doch nicht vorbei, ohne etwas einzukaufen. Problemlos nimmt der Händler auch unsere Euros, natürlich nur mit einem für uns schlechten Wechselkurs.

Bevor es zum Schiff zurückgeht, bekommen wir noch etwas Freizeit zugestanden, und die nutze ich für ein paar typische Aufnahmen. Ein Blick in einen ‚Friseursalon' afrikanischer Art, eine Drogerie, bei der die Auslage aussieht wie nach einem Hurrikan und eine schöne Häuserfront, deren aufwändige Verzierung im Trubel der Menschen und Geschäfte nahezu untergeht. Schließlich bringt uns der Rappelbus wieder zum Hafen.

Da wird es aber bald Zeit zum Abschiednehmen von Tanger, Marokko und Afrika, denn unsere Albatros hat schon wieder Kurs auf Europa gesetzt; Portugal, und damit auch wieder Euroland, ist unser nächstes Ziel.

Die letzte Bratwurst

Der Atlantik ist doch etwas anderes als das Mittelmeer. Selbst der Vergleich mit dem Löwengolf fällt zum Vorteil des Ozeans aus, wenn es um möglichst hohe Wellenberge und um die größere Windstärke geht. Dabei ist die Strecke nach Portimão keine 200 km lang und verläuft fast immer in Küstennähe. Der Hafen selbst liegt etwa einen Kilometer weit in einer Flussmündung, und im Osten geht gerade die Sonne auf. Gestern Abend wollten wir nicht mehr lange auf dem unruhigen Schiff umherlaufen, und haben uns früher zu Bett begeben. Dafür sind wir jetzt schon munter und beobachten die Einfahrt in den geschützten Hafen von Portimão bereits vom Sonnendeck aus. Das Anlegemanöver ist für unseren Kapitän reine Routine, und im Nu liegt unsere Albatros fest vertäut an der Pier.

*Mein Tipp: Auch bei Ausflügen über Mittag müssen Sie nicht verhungern. Meist bekommen Sie ein Essen entweder in einem **Restaurant** am Weg oder in Form eines **Lunch-Pakets** vom Schiff.*

Unser Ausflug auf den Spuren legendärer Seefahrer startet in zwei Stunden, und daher fällt das Frühstück heute wieder umfangreicher aus, zumal unser Ausflug bis etwa 13 Uhr gehen wird, und wer weiß, ob wir dann noch etwas vom Mittagessen abbekommen werden. „Denkst du eigentlich immer nur ans Essen?", schilt mich meine Gattin, als ich ihr meine Überlegung kundtue. Eigentlich nicht, aber die Essenszeiten sind nun mal die Termine, nach denen sich nicht nur mein Magen richtet, sondern auch die Planung der Ausflüge. Wenn ein Bus zu einer Mahlzeit nicht an Bord zurück ist – wie bei einem Ganztagesausflug oder einer Überlandfahrt –, dann müsste der Veranstalter für ein Essen unterwegs sorgen. Und das soll aus Kosten- und Zeitgründen möglichst vermieden werden.

Unser Bus – diesmal der zweite und auch nur gut halbvoll – bringt uns über schmale, aber gute Straßen an den südwestlichsten Zipfel des portugiesischen Festlands, nach Sagres. Abgesehen von diversen Bodendeckern, ist die Landschaft kahl und trocken; der Ort selbst nichts Besonderes, eher verschlafen. Aber dahinter sind die Felsen, die schroff in die tosende Brandung abfallen, besonders eindrucksvoll. Unser Bus hält vor einer hohen Mauer, die die Landspitze vom Rest der Welt trennt, aber ein Tor haben die Baumeister im 15. Jh. für uns dann doch gelassen. „Sie betreten nun die Reste der legendären Seefahrerschule von ‚Heinrich dem Seefahrer‘, in der Nautiker, Schiffsbauingenieure, Kartographen und Kapitäne ihr Handwerk gelernt haben sollen. Da vorne sind ein kleiner Souvenirladen und eine Toilette. Bitte kommen Sie in einer halben Stunde wieder zum Omnibus!" Der WC-Hinweis wird von vielen unserer Gruppe dankend quittiert, wogegen sie bei der Kurzbeschreibung der Sehenswürdigkeit kaum reagiert haben. Ja, es ist warm, und ja, es sieht hier alles etwas trist aus, aber die Küste ist herrlich und wenn man genauer hinschaut fällt es auf: Wir stehen am Rand einer riesigen Windrose, die mindestens 20 Meter im Durchmesser groß ist und den meisten Platz des Geländes innerhalb der Mauern einnimmt. „Ich gehe mal auf die Mauer, dann habe ich einen besseren Überblick!", rufe ich meiner Frau zu, die sich aber schon Richtung Toilette verabschiedet hat.

Nachdem ich die Rampe von der Mauer wieder hinuntergerutscht bin, schlendere ich zu der kleinen Kapelle und warte dort auf Traudl. Da es doch länger dauert – sicher wieder eine lange Schlange vor der Damentoilette – gehe ich um die Kirche und studiere die Tafel, die den Leuchtturm auf der nächsten Landspitze beschreibt. Es sei das Leuchtfeuer mit der größten Tragweite Europas, also am weitesten vom Meer aus zu sehen, fast 60 km weit.

Gemeinsam besuchen wir zum Schluss den Souvenirladen. Massenweise Leuchttürme im Hosentaschenformat werden hier angeboten, aber auch Schokolade mit Abbildungen der festungsähnlichen Anlage, der Kapelle und der Küste. „Schade, mit der Schokolade werden wir nicht weit kommen, bei dieser Hitze!", bedauert meine Gattin, dass wir nichts davon mitnehmen können.

Vor dem großen Eingangstor haben sich inzwischen fahrende Händler am Parkplatz entlang aufgestellt. Auf PKW-Anhängern oder auf Tapeziertischen werden wieder allerlei bunte Töpferwaren, Postkarten und Kunststoffartikel angeboten, aber der Verkäufer eines Imbissstands hat anscheinend seine Zielgruppe genauestens analysiert und daher auf seinen Wagen in großen Lettern und auf Deutsch geschrieben: ‚Letzte Bratwurst vor Amerika'. Das Beste an diesem Stand ist aber seine Rückseite! Von hier aus haben wir einen noch besseren Blick auf die zerklüftete Bucht, aus der ein einzelner breiter Felsen herausragt. Auf

Grund seiner Ähnlichkeit mit dem Felsen aus einem Spielfilm trägt er den Spitznamen ‚Schuh des Manitu‘.

Nur ein Paar Minuten mit dem Bus weiter, halten wir in Lagos. Welch ein Kontrast zu Sagres! Von ‚verschlafen‘ kann hier gar keine Rede sein. Wenn auch der große Platz mit der Kirche ‚Santo Antonio‘ aus dem 17. Jh. ausgestorben wirkt – die größte Sehenswürdigkeit des Ortes –, so tummeln sich etliche Touristen in den schmalen und schattigeren Straßen und Gassen. Getränke und Eis wird dort in rauen Mengen in den kleinen Cafés verzehrt, und die Geschäfte mit allerlei Kitsch dürfen auch nicht fehlen. Die Häuser und Türme sind sauber herausgeputzt in weiß und grau, und auf dem schon erwähnten Platz sitzt überlebensgroß eben der Heinrich, dem auch die Seefahrer-Akademie in Sagres zugeschrieben wird.

Auf der Rückfahrt legt unser Busfahrer noch einen Stopp an der ‚Ponta da Piedade‘ ein, eine 20 Meter hohe Felsklippenlandschaft mit versteckten Stränden und Buchten. Das Wasser rauscht in die verzweigten Schluchten mit viel Getöse und strömt dann gemächlich wieder hinaus ins offene Meer, sofern nicht bereits die nächste Welle für Nachschub sorgt. An einer Stelle führen steile Stufen hinunter zu einem kleinen und etwas geschützten Sandstrand „Gehen wir runter?“ Eigentlich war das ja eher eine an mich gerichtete Aufforderung als eine Frage, aber ich entgegne: „Von hier oben habe ich einen viel besseren Blick!“ Und zum Beweis mache ich auch eine Aufnahme nach der anderen, bevor wir uns wieder zum Schiff zurückfahren lassen.

Magnifique

Bevor wir im Hafen auf unsere Albatros zurückkehren, müssen wir durch ein Gebäude, in dem jetzt ein Probierstand aufgebaut ist. Es gibt Portwein zum Verkosten, und das in drei verschiedenen Graden; von lieblich über trocken bis zu staubtrocken. Dummerweise werden hier auch Flaschen zum Kauf angeboten, und wir entscheiden uns für die beiden trockeneren Varianten, die wir mit an Bord nehmen.

~.~

Während des Mittagessens – zu dem wir schon noch rechtzeitig an Bord gekommen sind –, genauer während des zweiten Besuchs am Salatbuffet, tutet das Schiffshorn dreimal und zeigt damit die Abfahrt an. Kann sich der Kapitän nicht vorstellen, dass wir dieses Ereignis lieber vom Promenadendeck als durch das Restaurantfenster verfolgen würden?? Die Strecke nach Lissabon ist deutlich länger als unsere letzte Etappe über die Straße von Gibraltar, und daher verbringen wir den Nachmittag bereits auf See.

Beim Studium des Tagesprogramms ist uns beiden ein Punkt besonders ins Auge gestochen: das Gala-Buffet

‚Magnifique' heute Abend. Also schon wieder Essen. „Hast du auf einer Kreuzfahrt etwas anderes erwartet?", bestätigt mir Traudl nur die Wahrscheinlichkeit, dass ich mir bald einen längeren Gürtel zulegen muss. „Heißt das, heute Nachmittag ist wieder Sport angesagt?", frage ich vorsichtig, aber da fällt mir noch etwas ein: „Wollten wir nicht in den Lichtbildervortrag über Lissabon gehen. Unser Lektor wäre sicherlich enttäuscht, wenn wir fehlen würden!"

Als Folge aus diesem straffen Programm werden die körperlichen Aktivitäten in zwei Sitzungen aufgeteilt: erst etwas Tischtennis, dann dazwischen der Vortrag und danach … wir werden ja sehen!

> **Mein Tipp** *Oft werden aktuelle Informationen über die **nächsten Häfen** angeboten. Wenn Sie einen Ort auf eigene Faust erkunden wollen, sollten Sie sich das nicht entgehen lassen!*

Das Tischtennisspielen wird zwar mehr zum Bällesuchen, denn so ganz ohne Rollbewegungen ist die Albatros nicht unterwegs. Aber wenigstens ein paar Kilokalorien trainieren wir auch auf diese Weise ab; zumindest bis es Zeit wird für den Vortrag. Etwas verschwitzt suchen wir uns einen günstigen Platz, um die Leinwand gut sehen zu können. Einen Getränkeservice, den wir jetzt gut gebrauchen könnten, gibt es während einer Lesung hier in der Show-Lounge leider nicht. Aber wenigstens ist der Raum klimatisiert!

Der Vortrag zeigt uns, was uns in Lissabon in etwa erwartet: eine eindrucksvolle Brücke über den Tejo, eine quirlige Stadt dank der vielen Studenten und Studentinnen, mehrere große Denkmäler, die sich hauptsächlich mit der Seefahrt in Verbindung bringen lassen, eine Straßenbahn, die sich auch gut für die Erkundung der Stadt eignet. Alles kann ich mir gar nicht merken, komme aber zu dem Schluss, dass unsere Stippvisite garantiert nicht ausreichen wird, auch nur einen annähernd vollständigen Eindruck von Lissabon zu bekommen.

Die Stunde ist schon viel zu schnell vorbei; der Lektor hat seine Präsentation so lebendig gestaltet, dass wir gerne noch eine Weile zugehört und zugesehen hätten. „Hinauf oder hinunter?", frage ich sicherheitshalber Traudl beim Verlassen der Lounge. Die sportlichen Betätigungsmöglichkeiten sind alle mindestens ein Deck höher gelegen, ich kann mir also die Antwort bereits denken. Die Gegenfrage kommt prompt: „Fitnessraum oder nochmal Tischtennis?" Meine Entscheidung fällt auf den Fitnessraum. Zwar spiele ich gerne Tischtennis – und gerne heißt noch lange nicht gut –, aber im Fitnessraum kann ich wenigstens mein Tempo selbst bestimmen, wogegen beim Tischtennis der Partner das Tempo vorgibt. Also lieber ein paar Meter auf dem Laufband und auf dem Stepper!

Auch diesmal sind wir (fast) alleine, nur eine junge Dame mit Ohrstöpseln radelt, wie wenn sie an der ‚Vuelta a España' teilnehmen würde. Nach nur 20 Minuten gibt Traudl dann ihre Kraftübungen auf und ich darf wieder vom Crosstrainer heruntersteigen, denn wir merken, dass wir seit heute Mittag nichts mehr getrunken haben! Zum Glück kommen wir auf unserem Weg Richtung Kabine an einer Bar vorbei, wo wir uns schnell noch eine Flasche Wasser nach unten mitnehmen.

Das Buffet ‚Magnifique' gehört zu den drei festlichen Dinnern auf jeder Reise. Das heißt also auch, es wird ein entsprechender Kleidungsstil erwartet. Wenn sonst zum Abendessen zumindest eine lange Hose und ein ordentliches Hemd und für die Damen etwas Entsprechendes gefordert werden, darf man heute schon mal den Anzug oder das Cocktailkleid aus dem Spind holen. Und auch den Fotoapparat sollte man nicht vergessen! Wie beim großartigen Schokoladenbuffet vor ein paar Tagen, dürfen auch diesmal die Fotografen wieder ein paar Minuten eher in das festlich geschmückte Restaurant, um die kunstvoll drapierten Delikatessen in all ihrer Pracht zu dokumentieren.

Schon allein die Auflistung der Speisen auf der Infotafel vor dem Lokal ist eindrucksvoll: Acht kalte Vorspeisen, elf verschiedene Salate – zusätzlich zu der üblichen Salatbar – und sechs warme Hauptgerichte stellen nur das Gerüst für das Buffet dar; von den Mengen an Obst, Gemüseschnitzereien, Eisskulpturen und natürlich den Torten und Cremes zum Nachtisch ganz zu schweigen. Neu sind heute auch diverse Bildtafeln aus Marzipan, die maritime Motive darstellen und mit Schokoladenschriften versehen sind, die zum Beispiel alle Stationen unserer Reise aufzählen oder gute Wünsche für die weitere Reise zum Ausdruck bringen.

Die Hungrigen stürmen den Saal! Interessant ist es zu beobachten, worauf sich die meisten Gäste zuerst stürzen. Einer hat sich schon mal einen rot leuchtenden, halben Hummer geschnappt, obwohl er noch gar keinen Teller hat. Dabei liegen da noch mindestes 40 der geteilten Tiere und warten, meist vergebens, auf Interessenten. Eine Dame versucht verzweifelt, die eigentlich nur zur Dekoration herrlich geschnitzte Melone auf ihren Teller zu holen, muss aber allein wegen der Größe der Frucht schließlich aufgeben. Auch von der großen Bildtafel mit der Auflistung unserer Häfen hätte ich mir nicht gleich als erstes ein Stück von Benidorm herausgeschnitten! Aber jetzt konzentriere ich mich erst mal darauf, selbst einige Leckerbissen zu ergattern. Ein ‚Gefüllter Kalamar in Curry-Kokos-Sauce' hat es mir besonders angetan. Und dazu natürlich eine bunte Auswahl an Salaten.

Per Tram durch Lissabon

Das Gala-Abendessen hat sich doch etwas in die Länge gezogen. Als Folge davon hat sich die Frage nach weiteren Unterhaltungsprogrammen erübrigt. Mit Tagebuch schreiben und Fotos durchsehen ging der Tag zu Ende, dafür beginnt der heutige Tag wieder sehr früh. Ab halb 7 Uhr ist

laut Tagesprogramm die Einfahrt in den Tajo angekündigt.
„Ich habe gemeint, der Fluss heißt Tejo!?", stutzt Traudl
bei der Lektüre der Unterlagen. Ich bin mir da auch nicht
so sicher, also befrage ich doch mal das Internet. Zum
Glück sind wir schon wieder so nah an der Zivilisation,
dass ich einen Datenempfang über das Handynetz bekommen kann. Zwar gibt es auch auf dem Schiff eine Möglichkeit, per WLAN eine Verbindung aufzubauen, aber die
Kosten dafür sind recht hoch. Und das muss nicht sein!
„Tejo ist portugiesisch, Tajo ist spanisch!", lasse ich mich
vom größten Lexikon der Welt aufklären und gebe das
auch so an meine Frau weiter, „Der Fluss entspring in Spanien und ändert seinen Namen leicht beim Überqueren der
Grenze." Also kein Wunder, dass uns ‚Tajo' spanisch vor-
gekommen ist.

Ich war als erster im Bad fertig, und daher stehe ich auch
schon ein paar Minuten früher an Deck als meine Gattin.
Die Albatros fährt gerade in die Mündung des Tejo ein,
und in der Ferne kann ich schon die berühmte ‚Brücke des
25sten Aprils' sehen, wie sie sich weit über den Fluss
spannt. Traudl kommt gerade noch rechtzeitig, um die
Durchfahrt mitzuerleben. Etwas erhöht am Südufer steht
die Christus-Statue, von der unser Lektor erzählt hat, dass
sie eigentlich so groß werden sollte wie die in Rio mit
30 m. Aber stattdessen hat man die hier nur 28 m groß ge-
wordene Statue auf einen wesentlich höheren Sockel gestellt um damit Rio doch noch übertrumpfen können.

Wir fahren an einigen von der Morgensonne hell leuchtenden Bauwerken und Denkmälern vorbei, bevor unser Schiff mitten in der Stadt anlegt. Um nicht zu spät für unseren Ausflug parat zu stehen, frühstücken wir nur kurz auf dem Lidodeck. Eigentlich gibt es hier das gleiche Angebot wie in den Restaurants, nur die Präsentation ist eher wie in einem SB-Restaurant. Aber schon bald lassen wir uns in der Atlantik-Show-Lounge für den letzten der drei Busse einteilen und haben kurz darauf wieder festen Boden unter den Füßen.

Zunächst dürfen wir die Denkmäler, die wir schon bei der Einfahrt von Bord aus gesehen haben, nun aus der Nähe betrachten und fotografieren. Der ‚Turm von Belém' aus dem 16. Jh. war einst ein Leuchtturm und ist eines der wenigen erhaltenen Bauwerke aus jener Zeit, erklärt uns die Reiseleiterin in türkis und weiß, die uns heute begleitet. Und daneben thront der Nachbau eines Doppeldecker-Flugzeugs aus Stahl auf einem Sockel. „Mit diesem Flieger wurde die erste Atlantik-Überquerung mit einem Wasserflugzeug geschafft", versucht uns die Dame weiszumachen und muss sich dann aber gleich selbst korrigieren: „Natürlich nicht mit dieser Blechkiste, sondern mit dem Originalflugzeug!"

Ohne Wirrungen erklärt sie uns dann das ‚Entdeckerdenkmal', das dem Bug einer Karavelle nachgebildet ist auf dem die in Stein gehauenen Statuen vieler portugiesischer Seefahrer zu sehen sind; allen voran Heinrich der Seefahrer. „Den kenn ich doch schon aus Sagres!", trumpfe ich etwas vorlaut auf, ernte aber bei einigen Mitreisenden zustimmendes Nicken. „Haben Sie gemerkt, worauf Sie gerade stehen?", lässt uns unsere Anführerin raten. Alle schauen zu Boden und studieren die roten und weißen Bodenkacheln. „Afrika!", ruft ein Herr aus der Menge. „Ich bin in Amerika!", meint ein anderer. Tatsächlich stehen wir auf einer viele Quadratmeter großen Landkarte mit den Zielen der portugiesischen Eroberer. „Wenn ich jetzt eine Drohne hätte, könnte ich die Karte fotografieren", raune ich Traudl zu, denn vom Boden aus ist bestenfalls nur EIN Erdteil zu erkennen. „Außerdem trampeln zu viele Leute auf den Kontinenten herum!", ergänze ich noch, aber nur, damit meine Frau kontern kann: „Ja, rund 7 Milliarden!"

Nach einer kurzen Stadtrundfahrt hält unser Bus an einem kleinen Platz. Wir steigen aus – oder besser gesagt – um, denn hier beginnt unsere Straßenbahnrundfahrt. Für unsere Busse sind sogar zwei ganze Straßenbahnwagen aus der Mitte des letzten Jahrhunderts reserviert, die auch bald mit viel Gerumpel ihre Fahrt beginnen. Zwar ist es angeblich nicht erlaubt, während der Fahrt Erklärungen zu den Sehenswürdigkeiten abzugeben, unsere Reiseleiterin geht aber doch immer wieder durch den Waggon und zeigt mal auf dieses Gebäude oder nennt auch mal die Bedeutung jenes Denkmals.

Die Straßen sind eng, manchmal so eng, dass zwischen den geparkten Autos auf beiden Seiten gerade noch eine Spur für das eine Tramgleis frei bleibt. An einigen Stellen ragen die Gebäude auch gleich direkt neben den Schienen in den Himmel, so dass gar keine Sonne auf die Straße fallen kann. Und damit wird auch das Fotografieren schwierig! Meist sehe ich die herrlichen Gebäude zu spät oder auch nur so kurz, dass ich meine Kamera gar nicht in Anschlag bringen kann. Aber an einer Stelle muss dann unsere Bahn anhalten, und genau dort kommt aus einer ziemlich steilen Seitenstraße eine andere Tram bergan auf uns zu gefahren. Das erinnert uns sehr an San Francisco mit seinen ‚Cable-Cars‘, denn ohne Zugseil oder Zahnrad könnte eine derartige Steigung von keiner Bahn überwunden werden; es ist also eher ein Schrägaufzug als eine Straßenbahn, obwohl sie genauso aussieht wie unser Wagen.

Erst als sich die Straßen außerhalb des Zentrums etwas weiten, können wir auch die oft herrlichen Geschäfts- oder Wohnhäuser in ihrer ganzen Pracht bewundern: Viele der Gebäude sind vollständig mit Kacheln verkleidet; teilweise in bunten Farben,

> **Mein Tipp**
> *Telefonate an Bord sind oft teuer, weil sie über Satellit gehen. Bei Ausflügen können Sie aber über das **lokale Handynetz** und daher meist viel billiger nach Hause telefonieren!*

aber manche auch mit dezenten Mustern, den berühmten ‚Azulejos‘ eben. „Was fährt denn da?“, lenkt meine Gattin meine Aufmerksamkeit wieder zurück auf die Straße. Dort drängeln sich kleine dreirädrige Minitaxis zwischen Straßenbahn und parkenden Autos durch die Gassen. Bei manchen sitzen auch bis zu zwei Passagiere hinter dem Fahrer in den knallbunten ‚Tuk-Tuks', wie wir sie bisher nur aus TV-Berichten von Indien oder dem fernen Osten kennen.

An einem großen Platz spuckt uns die Tram wieder aus. Wir haben eine halbe Stunde Freizeit! Nachdem wir unsere Rückenwirbel wieder zurechtgerückt haben, flanieren wir die Haupteinkaufsstraße entlang zu einem der größten Plätze Europas mit über 30000 Quadratmetern Fläche. Er liegt hoch über dem Tejo, und wir haben einen perfekten Fotoblick auf die Gebäude und Denkmäler an seinem Ufer. „Da schwimmt ein quietschgelber Bus im Wasser!", ruft mir Traudl plötzlich zu. Und tatsächlich: Da tuckert doch glatt ein ganz ‚normaler' Omnibus am Turm von Belém im Fluss vorbei – zumindest schaut das Fahrzeug so aus. „Das haben wir doch gestern beim Vortrag über Lissabon auch gesehen. Das sind Stadtrundfahrten mit einem Amphibienbus!", ergänzt meine Frau auch gleich selbst.

Auf dem Rückweg zum Treffpunkt stehen wir dann vor einem mindestens 25 m hohen Stahlgerüst, das in seinem Inneren einen Personenaufzug enthält. Der verbindet die ‚Unterstadt' mit der ‚Oberstadt' und ermöglicht so den Wechsel in den anderen Stadtteil ohne lange Wege über die kurvenreichen, steilen und engen Straßen. Leider bleibt uns nicht mehr genügend Zeit, mit dem Lift nach oben zu fahren. Die Aussicht wäre von dort oben sicher auch phantastisch!

Gerade noch rechtzeitig bringt uns der Bus zur Albatros zurück. Passagiere müssen 30 Minuten vor der geplanten Abfahrt an Bord sein. Das hat sich aber anscheinend nicht bis zum letzten Reisegast herumgesprochen, denn als es eigentlich soweit wäre, dass der Kapitän das Schiffshorn tuten lassen müsste, kommt stattdessen eine Durchsage über die Lautsprecher, dass sich Herr X – den Namen habe ich vergessen – bitte an der Rezeption melden solle. Ein paar Minuten später kommt dann die Erklärung von unserem Kreuzfahrtdirektor dazu: „Wir vermissen noch einen Passagier, der bisher nicht an Bord zurückgekommen ist. Wir können unseren Liegeplatz hier aber nur noch maximal 10 Minuten behalten, dann müssen wir ihn für eine ‚Aida' freimachen, die bereits in der Flussmündung wartet."

Ich glaube, das halbe Schiff steht nun auf der Landseite an der Reling oder auf dem Sonnendeck und hält Ausschau. Vorsorglich lässt der Kapitän das Schiffshorn ertönen; vielleicht hört Herr X den Weckruf noch rechtzeitig! Und tatsächlich, an der Pier tut sich etwas: ein einzelner Herr kommt mühsam und wohl außer Puste auf das Schiff zugelaufen. Und während die Arbeiter bereits Teile des Fallreeps abbauen, hüpft er noch schnell an Bord. Eine Minute später, und er hätte nach Bilbao, unserem nächsten Hafen, per Bahn oder Flugzeug weiterreisen können!

Waschtag

Wir dampfen gerade wieder auf die große Brücke zu, als
Traudl in ihrer Tasche kramt und den Geldbeutel hervor-
zieht. Auf meinen fragenden Blick hin erklärt sie mir:
„Lissabon hat mir sehr gut gefallen, und ich möchte mal
wieder hierherkommen. Darum werfe ich jetzt eine Münze
in den Fluss, wenn wir unter der Brücke hindurchfahren!"
Es bleibt nicht mehr viel Zeit, und sie drückt auch mir ein
20-Cent-Stück in die Hand. „Tut's nicht auch ein einzelner
Cent?", gebe ich zu bedenken. Aber Traudl versucht mich
zu überzeugen, dass eine größere Münze auch die Wahrscheinlichkeit steigen lässt, dass es funktioniert. Rück-
wärts, mit der linken Hand über die rechte Schulter – oder
war es umgekehrt? – versenken wir gerade im richtigen
Moment unter der Brücke ein kleines Vermögen im Tejo.

„So, jetzt bekommen wir erst übermorgen wieder festen
Boden unter unsere Füße", stelle ich nebenbei fest und bedaure dabei ein bisschen, dass wir an so interessanten
Städten wie zum Beispiel Porto einfach vorbeifahren.
Aber eigentlich befürchte ich, dass so ein ganzer Seetag
vielleicht auch langweilig werden könnte. Die Spiel- und
Sportmöglichkeiten sind dann doch irgendwann abgearbeitet, und nur von einem Essen zum nächsten sollte ich
wohl besser auch nicht gehen. Na, warten wir es ab. Jetzt
genießen wir erst mal die Ausfahrt aus der Flussmündung
und registrieren, dass der Kapitän schon eine nördliche

Richtung eingeschlagen hat. In diesem Moment kommt auch das Lotsenboot längsseits und wir können beobachten, wie der Hafenlotse von unserem ruhig dahingleitenden und relativ riesigen Schiff auf die schaukelnde Nussschale daneben hinüberklettert. Aber alles geht gut, und das Lotsenschiff dreht ab.

Damit unsere Mägen nicht von sich aus auf die Idee kommen, Nachschub zu verlangen, gehen wir schnurstracks zum Lidodeck und schauen nach, was die hungrigen Passagiere noch vom Mittagessen für uns übriggelassen haben. „Mehr als genug!", stelle ich zu meiner Befriedigung fest und beginne mit einem bunten Salatteller. Anscheinend sind heute die meisten Hungrigen in den Restaurants unter Deck, denn es ist erstaunlich viel Platz hier im Freien. Sonne oder Schatten? Da der Fahrtwind für etwas Abkühlung sorgt, setzen wir uns ganz an die Reling auf der Steuerbordseite und beobachten während des Essens noch die portugiesische Küstenlinie, die sich jedoch langsam aber stetig immer weiter von uns entfernt.

„Ich glaube, heute Nachmittag könnten wir mal unsere Wäsche waschen gehen!" Aha, die Hausfrau vermisst ihre alltäglichen Beschäftigungen! Aber das ist ok, Hauptsache Abwechslung. Ich gebe ja zu, dass ich noch nie ein großer Strandlieger war, und das gilt auch auf einem Kreuzfahrtschiff; spätestens nach einer halben Stunde im Liegestuhl drängt sich mir die Frage auf ‚Und was jetzt?'. So gesehen bin ich ein richtiger Unruhegeist. Und da ist sogar das Wäschewaschen willkommen.

Zurück in der Kabine fängt auch Traudl gleich damit an, unsere Schmutzwäsche auf Waschbarkeit durchzusehen. Unterwäsche, Socken und ein paar T-Shirts werden ausgewählt und kommen zunächst in einen Stoffbeutel. „Das kann alles bei 40 Grad gewaschen werden. Da reicht dann eine Maschine! Wollen wir los?" Die Wäscherin will schon losziehen, aber ich muss erst noch nachsehen, wo sich der Waschsalon befindet. „Auf dem Neptundeck, also zwei Decks unter uns und etwas weiter zur Mitte des Schiffs hin!", lese ich aus dem kleinen Deckplan. Und es ist auch nicht schwierig zu finden. Im untersten Passagierdeck, Deck Nummer 3, stehen wir bald vor einer Stahltüre mit der Aufschrift Waschsalon. Darunter steht in ebenso großen Ziffern: „8:00 – 12:00 und 15:00 – 20:00". Es ist 14 Uhr 30! Was nun? Wir betreten den Raum erstmal und machen das Licht an, denn der Waschsalon hat, wie die Innenkabinen, kein Fenster. Da stehen sie, schön in einer Linie und in strahlendem Weiß: fünf Waschmaschinen und ebensolche Trockner, immer schön abwechselnd und paarweise mit Nummern versehen. An der Wand hängt ein Automat mit Schlitzen für jede der Nummern und eine Beschreibung, dass man drei Euro in den Schlitz ‚seiner' Waschmaschine werfen muss und dann das richtige Programm wählen kann. Waschmittel wird automatisch zugegeben, und anschließend kann auch noch der zugehörige Trockner verwendet werden. Also, was tun? Nochmal zurück in die Kabine und in einer halben Stunde nochmal einen Anlauf nehmen? „Ach wo! Das lautere Schleudern kommt garantiert nicht vor einer halben Stunde, und der

Waschgang alleine wird schon niemanden stören!" Soweit die Logik meiner Gattin. Auf ihre Bitte hin werfe ich die drei Münzen in den Automaten mit der Nummer drei, und Traudl stopft unsere Wäsche in die zugehörige Luke. ‚40 °C Pflegeleicht' und ‚Start' gedrückt, und schon hören wir eine Reaktion. Die Restlaufzeit zeigt 45 Minuten an, was uns zwar kurz vorkommt, aber ich stelle mal meinen Wecker auf die Endzeit ein. Licht aus, und heimlich davonstehlen – wir wissen von nichts!

Mein Verdauungsschläfchen wird von meinem Wecker rüde beendet. „Die Wäsche!", rufe ich Traudl zu, doch die ist gar nicht da. Also schnappe ich mir einen Zettel und schreibe ‚Waschsalon' darauf, bevor ich mich auf dem Weg zu selbigem mache. Auf Deck drei kommt mir dann aber auch schon

> **Mein Tipp** *Prüfen Sie schon vor dem Packen, ob das Schiff über einen* **Waschsalon** *verfügt. Dann kann vielleicht das eine oder andere Ihrer Kleidungsstücke zuhause bleiben!*

meine bessere Hälfte entgegen. „Noch fünf Minuten!", informiert sie mich über den aktuellen Stand. Dann also kehrt und in ein paar Minuten einen neuen Anlauf nehmen! Beim zweiten Mal klappt es dann auch. Die Waschmaschine signalisiert ‚fertig', und Traudl packt unsere Kleidungsstücke in den Trockner daneben. Da wir zuhause selbst keinen Trockner haben, studieren wir zwangsweise die verschiedenen Programme und entscheiden uns ebenfalls für ‚Pflegeleicht'. Nach dem Start erscheint wieder der Hinweis, wann die Prozedur beendet sein wird: in einer Stunde.

Diesmal ist die Maschine sogar schneller, denn als wir ein paar Minuten vorher in den Waschsalon kommen, leuchtet uns schon ein ‚fertig' von Trockner Nummer drei entgegen. Traudl ist zufrieden mit dem Ergebnis, nur an einigen dickeren Rändern ist noch etwas Feuchtigkeit zu spüren. „Das hänge ich noch ein paar Minuten in der Kabine auf, dann haben wir gleich etwas mehr Luftfeuchtigkeit!" Sie ist eben praktisch veranlagt, meine Frau.

Erholung auf See

Genau so steht es im Tagesprogramm: ‚Erholung auf See'. Dabei listet das Programm mehr Aktivitäten auf als sonst: Neben dem üblichen Frühsport gibt es heute Yoga, Shuffleboard, Gymnastik für Beine-Bauch-Po und ein Tischtennisturnier im Angebot, ebenso das gefürchtete ‚Walk a Mile', was so viel bedeutet wie im Laufschritt auf dem Promenadendeck vier Runden um das Schiff, also etwa 1,6 Kilometer, zurückzulegen. Außer Sport ist auch ein Vortrag des Lektors über Guggenheim vorgesehen, sowie eine Filmdokumentation über eine Phoenix-Reise von heiß brodelnden Geysiren in Island bis ins eisige Spitzbergen. Und zur Stärkung stehen natürlich Frühaufsteher-Frühstück, normales Frühstück, Spätaufsteher-Frühstück,

‚Heiße 11-Uhr-Bouillion', Mittagessen, Kaffee und Ku-chen, Abendessen und Mitternachts-Imbiss auf dem Plan. Wem das nicht reicht, der kann sich im Spa eine Massage verpassen lassen, heute im Angebot: ‚Faszien des Rü-ckens'. Oder man holt sich eine Bekleidungsidee für die nächste Schiffsreise bei einer Modenschau, veranstaltet von der Bordboutique mit Models aus den Passagieren (Freiwillige bitte melden!). Das könnte für einen Tag auf See reichen! Und abends spielt dann der Pianist bekannte Werke aus Konzert und Operette in der Atlantik-Show-Lounge. Oder man besucht das Gesangsduo und schwingt das Tanzbein. Oder man setzt sich in eine Bar und lauscht den alten Schlagern, die ein Keyboarder vor sich in ein Mikrophon haucht. Wer hat da was von drohender Lange-weile gesagt??

Für uns beginnt der Tag gemütlich, also mit ausschlafen. Das ‚normale' Frühstück erreichen wir gerade noch, bevor das Buffet wieder abgeräumt wird. Die Sonne lockt uns dann sofort aufs gleichnamige Deck ganz nach oben, wo sich schon die ersten Sonnenanbeter in den Liegestühlen räkeln. Mindestens genauso viele Liegestühle sind aber auch schon reserviert. Blaue Handtücher zeigen an, dass vielleicht, unter Umständen, eventuell, Irgendjemand im Laufe des Tages möglicherweise gerade diesen Liegestuhl für sich in Anspruch nehmen will. Oder auch nicht; dann hat wenigstens sein Handtuch einen sonnigen Tag gehabt! Es bestätigt sich also: Es müssen Deutsche an Bord sein!!

Wir amüsieren uns über einen beleibten Herrn, der seinen Liegestuhl mehrmals hin- und herschiebt. Immer wieder fällt ein Schatten irgendwo auf seine Liegefläche, oder er merkt, dass er genau vor einem Luftaustritt mit heißer Luft aus Küche oder Maschinenraum liegt, und das passt ihm wohl alles nicht. Schließlich findet er doch noch eine Position, an der er sich anscheinend wohl fühlt. Bis nach nicht mal einer Minute, ja, bis ein Streifenhörnchen mehr oder weniger zufällig vorbeikommt und ihn freundlich aber bestimmt darauf hinweist, dass er sein Lager genau vor einem Notausgang aufgeschlagen hat und er doch bitte etwas zur Seite rutschen solle. Das ganze Geschehen können wir gut von unserem Platz drei Liegestühle weiter beobachten, denn zwischen uns und dem bewussten Herrn stehen nur reservierte Liegestühle und ermöglichen uns dadurch beste Sicht auf diese Komödie.

Die Aussicht selbst ist nicht gerade aufregend; Wasser auf allen Seiten, mal im Gegenlicht, mal auf der Schattenseite, je nachdem, wo wir uns jeweils für maximal zehn Minuten niederlassen. Traudl würde es sicher länger an einem Platz aushalten, aber ich habe inzwischen schon alle Farbschichten gezählt, die die rostanfälligen Stahlteile unserer Albatros überdecken, und nicht auf jedem Platz bekommen wir eine Komödie wie vorhin geboten.

„Sollen wir mal zu dem Tischtennisturnier schauen?", schlage ich daher vor. Es läuft zwar schon etwa eine Stunde, aber vielleicht kommen wir noch rechtzeitig zur Siegerehrung. Die Mannschaften packen aber gerade ihre

Schläger und Bälle wieder in die bereitstehende Kiste und mehr als vier Personen hatten sich anscheinend gar nicht eingefunden. Bleibt noch die 11-Uhr-Bouillon auf dem Lidodeck als Abwechslung.

Als wir auf dem Weg dorthin an der Show-Lounge vorbeikommen, läuft dort gerade der Film über die Reise nach Island und Spitzbergen. Die Bilder sind schon beeindruckend und faszinieren uns so sehr, dass wir uns leise dazusetzen und den Rest noch mit anschauen. Aber es sind nur noch ein paar Minuten, die der Film dauert. Er wurde vor zwei Jahren auf einer regulären Kreuzfahrt gedreht, genau wie auch auf unserer Reise ein Kameramann dabei ist, der bis zum Ende der Kreuzfahrt einen Film zusammenstellen wird, um ihn dann sofort an die Mitreisenden zu verkaufen. So hat vielleicht auch jeder der Gäste mal die Chance, in einem echten Dokumentarfilm mitzuwirken.

Wir setzen aber unseren Weg zum Lidodeck fort und gönnen uns noch eine Tasse Brühe, die mit allerlei nach Wunsch aufgepeppt werden kann: von diversen Kräutern und Gemüsestückchen bis zum Sherry und Wodka könnten wir uns bedienen, aber ein bisschen Schnittlauch und et-

> **Mein Tipp** *Denken sie bitte daran, dass Sie Urlaub haben! Gönnen Sie sich ruhig mal ein kleines* **Nickerchen***, dann sind Sie hinterher wieder aufnahmefähiger.*

was Gemüse reichen uns auch. In einer Stunde gibt es

schon wieder Mittagessen, da muss es ja jetzt nicht so gehaltvoll sein!

Nach dem gemütlichen Mittagessen in der ‚Möwe' ist für uns erst mal ein Stündchen Ruhe in der klimatisierten Kabine angesagt. Und für später haben wir uns den Lektor vorgenommen. Dank Wecker kommen wir auch noch rechtzeitig in die Lounge. Es sind wieder alle Verdunkelungsrollos heruntergelassen, und so hören wir während des Vortrags über Bilbao und das Guggenheim-Museum immer wieder ein leises Schnarchen aus den hinteren Reihen. Ich muss mir eingestehen, dass auch ich noch mit der Müdigkeit zu kämpfen habe; es ist dunkel, und das Mittagessen zieht noch das Blut in die Verdauungsorgane. Hätte ich nicht schon vorhin etwas geschlafen, ich wäre sicher hier auch weggedöst…

Unser Lektor scheint von der sehr ruhigen Stimmung im Saal nichts mitzubekommen. Er führt uns anhand seiner Aufnahmen das schmale Tal entlang, in dem Bilbao liegt, aber hauptsächlich um das Museum herum, bei Tag und bei Nacht. Er zeigt auch Fotos von ein paar Ausstellungsstücken, die ich aber nicht so eindrucksvoll finde wie das Gebäude selbst. Ein kurzer Rundgang durch die Altstadt beschließt den Vortrag, und die Rollos werden wie von Geisterhand wieder hochgezogen. Das weckt dann den letzten Schläfer auf, der sich auch noch mit müdem Applaus beim Lektor für den Mittagsschlaf bedankt. Nein, WIR haben durchgehalten und fanden die Fotos durchaus ansprechend!

Den Rest des Nachmittags verbringen wir wieder mit ein paar Runden auf dem Außendeck, einem kleinen Cocktail an einer der Bars und mit dem Beobachten von zwei Containerschiffen, die offensichtlich das gleiche Ziel ansteuern wie wir; zumindest fahren sie längere Zeit im immer gleichen Abstand neben beziehungsweise hinter uns her. Auf die Frage meiner Frau, was wir jetzt machen sollen, antworte ich nur mit einem einzigen Wort: „Urlaub!"

An dünnen Seilen

Der nächste Tag beginnt fast genauso wie der vorletzte, mit einer Einfahrt in einen Mündungstrichter des Flusses, der seinen Namen erst auf den letzten Kilometern Bilbao verdankt, nur dass wir jetzt wieder in Spanien angekommen sind. Allerdings liegen hier Fracht-, Kreuzfahrt- und Sporthafen so dicht beieinander, dass man sie beinahe nicht voneinander abgrenzen kann. Wir legen auch nicht in Bilbao selbst an, sondern in seinem Hafen Getxo – ‚Getscho' gesprochen –, denn das Bilbao durchfließende Gewässer namens ‚Nervión' selbst ist nicht schiffbar. Auch hier empfängt uns Sonnenschein, und wir überlegen, was wir heute Vormittag auf eigene Faust erkunden können, denn unser Ausflug ist erst für den Nachmittag angesetzt.

Getxo ist selbst auch schon eine Stadt beachtlicher Größe, und lädt uns daher zu einem Stadtbummel ein. Laut dem

Tagesprogramm ist das Zentrum dieses Ortes etwa 20 Minuten zu Fuß entfernt, etwas näher liegt der Badestrand von Getxo, was uns aber weniger interessiert; schwimmen gehen können wir woanders auch! Also schlüpfen wir in unsere ‚Laufschuhe‘, schnappen uns jeder eine Flasche Wasser, denn das Thermometer zeigt schon um 9 Uhr an die 20 Grad, und ziehen los. Noch im Hafengelände, aber schon ein paar hundert Meter von der Albatros entfernt, will Traudl wissen, ob ich hier einen brauchbaren Handyempfang habe. „Habe ich!", bestätige ich, nachdem ich meinem Smartphone die Verbindung erlaubt habe. Also bleiben wir erst mal an einem schattigen Plätzchen stehen und erkundigen uns bei Oma, wie es ihr zuhause geht. „Alles in Ordnung!", erfahre ich, nachdem Traudl wieder aufgelegt hat. So beruhigt wandern wir nun an der langen Mole entlang und bewundern schon mal die prunkvollen Villen, die etwas oberhalb der Straße an einem sehr gepflegten, parkähnlichen Hang stehen und einen herrlichen Blick über die ganze Hafenanlage bieten müssen. Am Fuß des Hanges stehen auch Tafeln, die Informationen zu den einzelnen Villen preisgeben: Es handelte sich um vermögende Kaufmannsfamilien aus Bilbao und sogar bis aus Madrid, die sich hier im 19. Jh. niedergelassen und ihre Häuser im pseudoklassizistischen Stil erbaut hatten. Heute bewohnen die Prachtbauten mehrere Immobilienhändler und auch ein paar andere betuchte Familien.

Vorbei hinter einigen schön restaurierten Hafengebäuden kommen wir endlich wieder zum ‚Riá de Bilbao', dem schiffbaren Mündungsarm des Nervión, und staunen nicht schlecht: Quer über den Fluss, in etwa 50 Meter Höhe und mit einer Länge von über 150 m, steht eine gewaltige Stahlkonstruktion wie ein mächtiger Portalkran. Dies- und jenseits des Flusses wird die Brücke von kräftigen Säulen aus Stahlstreben getragen, und dort hinauf und auf der Brücke gehen Personen. Aber das Besondere ist eine Fähre, die eben nicht im Wasser schwimmt, sondern an verdächtig dünnen Stahlseilen hängend, von einem Ufer zum anderen schwebt. „Eine Schwebefähre also", versuche ich Traudls Beschreibung auf einen Punkt zu bringen. Hinüberfahren oder oben

> **Mein Tipp**
>
> *Bei manchen Attraktionen gibt es nicht nur eine Möglichkeit, um sie zu erkunden. Der Verkäufer wird Ihnen immer zuerst die teuerste Variante anbieten. Fragen Sie nach Alternativen!*

drüber gehen? Beim Studieren der Preisliste fällt die Entscheidung leicht: Wir fahren! Für 20 Cent kommen wir so zum anderen Ufer, anderenfalls hätte uns das sicherlich anstrengendere ‚Vergnügen' acht Euro gekostet, pro Kopf und nur in eine Richtung! „Vielleicht wegen der Aussicht?", vermuten wir, und lösen die Fährkarte. Zusammen mit einigen PKWs entern wir die Schwebefähre und lassen uns gemächlich von einem Ufer des auch hier noch von Schiffen befahrenen Riá de Bilbao zum anderen bringen. Die so erreichte Stadtseite sieht nicht sehr einladend aus:

Ein steiler, eng bebauter Hang lässt neben dem Ufer nicht viel Platz, da war es ‚drüben' schöner. Also kaufen wir nochmal zwei Fährtickets und setzen wieder zum jenseitigen Ufer über. Hier stoßen wir dann auch gleich auf einen kleinen Platz, an dem Bauteile der Schwebefähre ausgestellt sind: Einige der mächtigen Rollen, über die die Drahtseile laufen, und auch Querschnitte durch die Seile selbst. So aus der Nähe wirken sie nun gar nicht mehr so dünn wie aus der Ferne, sondern sind mindestens so dick wie mein Unterarm. Der ganze Platz ist schön mit Blumen bepflanzt, und dazwischen erklärt eine Tafel, dass dieses technische Meisterwerk bereits 1893 errichtet wurde und damit die älteste Schwebefähre der Welt ist. Natürlich kostet mich das ganze Ensemble einige Aufnahmen, denn so etwas gibt es zwar in Norddeutschland auch irgendwo, aber in echt haben wir noch keine Schwebefähre gesehen.

Auf einem etwas anderen Weg gehen wir zurück zum Schiff, diesmal mitten durch die großen und sauberen Stadthäuser und an einer breiten Straße entlang, die wenigstens auf einer Seite von einer kleinen Parkanlage mit schattenspendenden Bäumen flankiert wird. An der Stelle, von wo aus wir vorhin telefoniert haben, schicke ich nun noch schnell unserem Sohn ein Bild von der ungewöhnlichen Fähre, bevor wir wieder an Bord gehen. Es wird auch langsam Zeit zum Mittagessen!

~.~

Der Nachmittag steht unter dem Motto ‚Bilbao und Guggenheim'. Ein Herr, von Phoenix nur für uns organisiert, erzählt uns schon bei der Hinfahrt nach Bilbao eine Menge über das Guggenheim-Museum. Aber auch über Bilbao selbst hören wir mehr als wir uns merken können, und über seine Lage an dem hier schon nicht mehr schiffbaren Flüsschen Nervión. Zum Glück haben wir ja schon so etwas wie eine Vorbildung durch unseren Lektor an Bord erfahren.

Erster Stopp ist vor dem Museum, das alleine durch seine Bauform nicht so leicht erkennen lässt, wo eigentlich der Eingang ist. Das Gebäude hat wenige gerade Wände, oft sind die ‚Mauern' nahezu ineinander verschlungen. Auch eine Farbe ist nicht so leicht auszumachen: Manchmal erscheinen die unzähligen Kacheln golden, mal silbern oder nur grau oder beige, je nachdem, wie das Licht gerade darauf fällt. Zwischen dem Komplex und dem Flusslauf warten noch einige Kunstwerke darauf, interpretiert zu werden. Die überdimensionale Spinne, unter deren Beinen locker ein Elefant hätte durchgehen können, ist noch relativ einfach zu erkennen. Die verschiedenfarbigen, glänzenden – sagen wir mal – ‚Bonbons' mit einem Durchmesser vor je etwa zwei Metern erschließen sich uns dagegen nicht. Wir finden dann doch einen Eingang, allerdings reicht unsere Zeit nicht, auch die Ausstellungen zu besuchen. Nur für einen Toilettenbesuch reicht es gerade noch.

Nächster Halt: Zentrum. Richtig belebt sind die Straßen nur durch Autos und Busse, Fußgänger sind eher Mangelware. Zunächst werden wir zu einer Kirche mit einer sehenswerten Marienfigur gelotst, allerdings ist die Kirche abgeschlossen. Dafür geht es am Fluss nur ein paar Meter weiter zur Markthalle, die für ihr Fischangebot berühmt ist. Die Stände haben bereits um 14 Uhr die Rollläden heruntergelassen. Stattdessen werden wir auf die schön verzierten Eisenbalkone hingewiesen. „Zum Glück werden die nicht am Nachmittag hineingeklappt!", sage ich gut hörbar zu meiner Frau. Die Umstehenden nicken, sie haben sich auch etwas mehr von einer Stadtführung versprochen. Warum weiß ein lokaler Führer nicht, wann die Kirchen und Geschäfte geöffnet sind?

Zurück geht es wieder am Guggenheim-Museum vorbei und den Nervión entlang bis zum Hafen. Unsere Albatros begrüßt uns dann auch gleich mit Tee und leckeren Sandwiches, denn es ist Kaffeestunde! Noch während wir über das eindrucksvolle Gebäude des Guggenheim-Museums diskutieren – und heute mal mit einem Paar, das mit uns im Bus war und nun auch der Teestunde frönt – erklingt das dreimalige Zeichen des Schiffshorns zur Abfahrt.

Frankreich, die Zweite

Der erste Hafen unserer Kreuzfahrt, Sète, hat uns das südliche Frankreich an der Riviera gezeigt; jetzt kommen wir bald an die französische Atlantikküste mit ihrem ganz anderen Klima. Wir werden uns auf wechselhafteres Wetter einstellen müssen! Aber zuvor fahren wir noch die Nacht hindurch und lassen die iberische Halbinsel hinter uns.

Um uns diesen Abschied zu ‚versüßen', hat sich der Chefkoch der Albatros etwas Besonderes zum Abendessen ausgedacht: Es gibt eine ‚im Ganzen gebratene Keule des Charolais-Rinds'. Was heißt da EINE? Gesamt sind es drei Keulen, die bereits den ganzen Tag im Ofen vor sich hin schmurgeln konnten, um dann rechtzeitig zur Abendsitzung butterzart zu werden. Der Leiter der Küche lässt es sich auch nicht nehmen, selbst im Restaurant an einem großen Tisch ein Ungetüm nach dem anderen zu zerlegen und auf den hingehaltenen Tellern anzurichten. Soße, Kartoffel, Knödel und diverse andere Beilagen stehen auch bereit; und – extra für uns? – natürlich das gewohnt reichhaltige Salatbuffet. Als sich der Rummel etwas gelegt hat, kann ich es mir doch nicht verkneifen, den Koch über den Umgang mit einem solchen Brocken von Rindskeule auszufragen. 24 Stunden marinieren, 18 Stunden bei mittlerer Temperatur braten – schön und recht, aber dazu bräuchte ich erst mal einen passenden Riesenofen. „Unsere Öfen können sie in ein paar Tagen besichtigen; wir werden Sie noch zu einer Küchenführung einladen!" Damit hat er mir genau meinen Wunsch von den Augen abgelesen; ich bin schon sehr gespannt!

~.~

‚La Rochelle und Insel Ré' heißt unser heutiger Ausflug. Aber noch bevor wir im Hafen La Pallice anlegen können, werden wir von einer Lautsprecherdurchsage aufgeschreckt. Der Kreuzfahrtdirektor muss uns zu seinem

größten Bedauern über eine kleine Änderung zu den gebuchten Ausflügen mit Insel Ré aufklären: Wegen einer
größeren Verkehrsbehinderung ist es heute leider nicht
möglich, mit Bussen über den schmalen Damm zur Insel
zu fahren. Allerdings wird unser Ausflug, der ja auch das
Städtchen La Rochelle beinhaltet, stattfinden; nur eben
ohne Insel!

Mein Tipp

Ein Kapitän trifft stets die bestmöglichen Entscheidungen, und die sind oft auch von **Wind, Wellen, Strömung** *abhängig. Sicher bietet er Ihnen bei Änderung der Route eine interessante Alternative an!*

Nun, eigentlich hatten wir uns schon auf die angeblich so idyllischen Fischerdörfchen auf Ré gefreut, aber wenigstens wird unser Ausflug durchgeführt. Diejenigen, die nur den ausführlichen Inselbesuch gebucht hatten, bleiben nun wohl an Bord. Warum wir in La Pallice angelegt haben, obwohl wir doch nach La Rochelle wollten, wird uns auf den ersten Kilometern Busfahrt schlagartig klar: Es ist zur Zeit Niedrigwasser, und die Ebbe hat fast das ganze Wasser aus der Bucht herausgesaugt! Wir kommen an mehreren Aussichtsterrassen und -cafés vorbei, bei denen die Leute auf das rund einen Kilometer breite Flussbett schauen, das zurzeit aber nur einen braunen Algenteppich bietet. Die grünen und roten Tonnen dazwischen bekommen wohl erst wieder nach der Flut ihre Bedeutung.

Bei unserem geführten Bummel durch die Stadt erinnert vieles an Bilbao. Auch hier sind die Gassen eng, auch hier gibt es Schmiedeeisenbalkone oder ganz geschlossene Vorbauten, aber dafür gibt es oft Arkadengänge, so dass wir nicht immer auf den Straßen gehen müssen. Erst vor ein paar Jahren hat ein Feuer das Rathaus fast vernichtet und wird noch immer aufwändig restauriert. Einer Kirche aus dem 12. Jh. ist es dreimal so gegangen, zuletzt wurde sie im 18. Jh. neu erbaut, aber die Reste der alten Mauern sind noch immer sichtbar.

Unser Rundgang endet am Stadthafen, der aber nur von kleineren Sportbooten angefahren werden kann. Das Problem mit dem oft unzureichenden Wasserstand haben wir ja auf dem Herweg schon feststellen können. Aber hier ist etwas los! An der Kaimauer entlang haben einige Marktstände die Menschen angelockt und bieten allerlei Krimskrams feil. Auch schönes Obst und Gemüse sehen wir, aber was sollen wir damit auf unserem Schiff, wo es jeden Tag wirklich genug davon gibt? Schließlich bleiben wir an einem Stand mit Eis stehen. Am Softeis kommen wir nur sehr schwer vorbei, ohne uns eines zu genehmigen. So auch jetzt. „Vanille, Schokolade oder beides?", rätselt meine Frau noch, während für mich die Entscheidung feststeht: Vanille pur; Schokoladeneis mag ich nicht. Nur, wie machen wir das dem Verkäufer klar? Wir sind schließlich in Frankreich, und unsere Französischkenntnisse sind so gut wie nicht existent! Nur Traudl hatte mal Französisch in der Schule, aber reicht das für eine Eis-Bestellung? Zaghaft, und nur mit den Fingern auf die Softeismaschine zeigend, versuchen wir unser Glück. Und es klappt! „Vanille, Chocolat?", fragt der Verkäufer. Ein Ruck durchfährt uns: Stimmt, so groß sind die Unterschiede bei diesen Begriffen ja gar nicht! Also „Seulement vanille!", bringt dann meine Gattin unter Zuhilfenahme ihres französischen Restwortschatzes heraus. Beim Bezahlen gibt es zum Glück keine Probleme, dem Euro sei Dank! Eisschleckend nutzen wir die Freizeit am Hafen, und lauschen jetzt mal einer anderen deutschsprachigen Reiseführerin und erfahren, dass die beiden großen Türme aus dem 14. Jh. rechts und links der Hafeneinfahrt früher mit einer Kette verbunden waren und so die Zufahrt abgesperrt werden konnte. „Bei dem Wasserstand? Welche Schiffe konnten da schon die Stadt bedrohen?", überlegen wir noch, müssen aber bald wieder zurück zum Treffpunkt. Unser Ausflug geht mit einem gemeinsamen Marsch zum Bus und der Fahrt nach La Pallice zu Ende; leider ohne den ursprünglich vorgesehenen Abstecher zur Insel Ré.

Das Boot

Unter Geleit des Lotsenbootes verlässt die Albatros wieder die Pier von La Pallice. Vorbei an einigen Monsterkränen, die im Minutentakt Container vom Land aufs Schiff oder umgekehrt hieven, erreichen wir schon fast wieder das

▲ La Rochelle   ▼ Saint Goustan   ▲ Megalithen, Carnac

▼ St. Peter Port　　▲ MS Albatros vor Cornet　　▼ No Name Street, Sandw

▲ Walmer Castle ▼ Kreidefelsen, Dover ▲ Landeversuch, Dover

▲ Mitternachtsimbiss   ▼ Abschied vom Meer   ▲ Schnoor, Bremen

offene Meer, als wir durch eine Lautsprecherdurchsage auf einen gewaltigen Betonklotz zur Rechten hingewiesen werden. Erst als unser Dampfer um ihn herumgesteuert ist erkennen wir, dass es sich um eine ganze lange Reihe überdimensionaler ‚Garageneinfahrten' für U-Boote handelt. Hier wurden – unter anderem – viele Szenen des Films ‚Das Boot' gedreht, so berichtet unser Kreuzfahrtdirektor übers Mikrophon. Eigentlich sollte dieses Betonungetüm nach dem Krieg gesprengt werden, aber man weiß bis heute nicht, wie man einem derartig massiven Klotz zu Leibe rücken soll. Das erinnert uns an frühere Besuche an anderen Befestigungsanlagen an der französischen Küste und auch in Polen, bei denen ebenfalls nicht mit Beton gespart wurde. Auch jene Gebäude blieben aus dem gleichen Grund bis heute stehen und man wartet wohl darauf, dass sich die Natur diese Schandflecke irgendwann zurückerobert.

~.~

Ein ähnliches Bild würde sich uns auch in Lorient bieten, so informierte uns die Stimme aus den Lautsprechern gestern beim Auslaufen, sobald wir unseren nächsten Hafen erreicht haben werden. Aber heute Morgen hat sich das Wetter etwas anderes für uns ausgedacht: Dichter Nebel hängt über der Küste, und unsere Albatros macht kaum Fahrt. Ein Blick auf die Karte im Kabinenmonitor verrät uns, dass wir eigentlich kurz vor der Einfahrt in den Hafen von Lorient stehen beziehungsweise versuchen die Position gegen den Ebbestrom zu halten. Es dauert auch nicht lange, bis mal wieder eine Durchsage Zweifel an der Einhaltung des heutigen Plans aufkommen lässt: „Hier spricht der Kapitän von der Brrrrüggggge! Die Wetter macht uns Probleme, weils die enge Einfahrt in Hafen ohne Sicht unmöglich ist. Wir habens aber nur noch ein halbe Stund Zeit, bevor das Wassertiefe nix mehr reicht. Wir hoffen aber, dass Sicht noch besser kommt!" Unser norwegischer Kapitän gibt sich hörbar Mühe, uns über die Situation aufzuklären.

„Das wäre ja echt besch…eiden, wenn wir nicht nach Lorient könnten!", entfährt es Traudl, denn sie hatte sich, genau wie ich, auf den Besuch der mindestens 4000 Jahre alten Menhire und Megalithen von Carnac gefreut. Statt beim Frühstück im Restaurant stehen wir nun schon eine ganze Weile an Deck und starren in die grauen Nebelwände um uns. „Ich kann das Land schon wieder besser erkennen. Jetzt hat unser Kapitän noch vielleicht zehn Minuten Zeit, sich zu entscheiden! Wagt er die Einfahrt oder müssen wir auf Lorient und den gebuchten Ausflug verzichten?" Zweifelnd schaue ich immer wieder auf meine Armbanduhr.

> **Mein Tipp**
> *Seien Sie vorsichtig, was Sie fotografieren! Gerade im Ausland wird das Knipsen von **militärischen Anlagen** oft streng geahndet, von der Wegnahme der Kamera bis zu Gefängnisstrafen.*

Die Motoren! Die Maschinen haben ihre Drehzahl erhöht. Und kurz vor Ablauf der Frist nehmen wir jetzt endlich erneut Kurs auf die Lücke in der Küste. Ein deutliches Aufatmen geht durch das Schiff. Wir dürfen doch noch zu den alten Kultsteinen!

Wie schon angekündigt, passieren wir monumentale Betonbunker und auch wieder solche für U-Boote. Die etwas vom Ufer entfernt liegenden Stellungen sind hier schon fast vollständig von Büschen und Sträuchern überwuchert und machen so schon beinahe einen lieblichen Eindruck. Bald danach haben wir dann unser Ziel erreicht: den Hafen von Lorient. Wie in den meisten Häfen, so kann man auch hier nicht gerade von einer schönen Anlage sprechen; vielleicht ‚zweckmäßig‘ könnte man so ein Gelände nennen, ohne es zu beleidigen. Unser Kapitän jedenfalls muss schon sehr genau zielen, um einen Liegeplatz zwischen den untätigen und vor sich hin rostenden Ladekränen zu finden, an dem er auch unsere kleine Gangway anbringen lassen kann. Die Bootsmänner auf dem Vordeck haben jedenfalls viel zu tun, ihre Festmacher durch die richtigen Löcher in der Schiffswand nach draußen und dann zu den Pollern zu dirigieren.

„Was ist jetzt mit dem Frühstück?“, frage ich Traudl. Doch sie antwortet: „Macht nichts, ich habe noch genügend Reserven!“ Ohne mir Gedanken darüber zu machen, wo sie diese ‚Reserven‘ hat, bestehe ich dann aber doch auf einen kleinen Imbiss auf dem Lidodeck. Nach der Stärkung wird es dann auch schon wieder Zeit, uns in der Atlantik-Show-Lounge einzufinden, um uns ein Kärtchen für den letzten, heute den zweiten Bus geben zu lassen. Schließlich hat unsere Albatros erst mit einer guten halben Stunde Verspätung festgemacht, und diese Zeit müssen wir irgendwie wieder aufholen.

Unser Bus kurvt erst noch einige Runden durch das Hafengelände, bis er die Ausfahrt findet. Dann geht es quer durch den Ort Lorient und uns fällt auf, dass hier alles ziemlich grün ist. Nicht nur einige schön angelegte Parks beeindrucken uns, sondern auch zwischen den Häusern stehen fast immer große Bäume und die ganze Stadt scheint auf diese Weise sehr großzügig angelegt zu sein. Als wir den Ort Richtung Carnac verlassen merken wir, dass es leicht zu regnen angefangen hat. Das hätte es nun wirklich nicht gebraucht!

Von Druiden und Hinkelsteinen

Zum Glück dauert der Schauer nicht lange. Als wir nach etwa 15 Kilometern Fahrtstrecke wieder aussteigen, ist es zumindest von oben wieder trocken. Nur auf den Weg müssen wir achten, um nicht in den Pfützen zu versinken. Wir stehen aber mitten in einer Baustelle. „Hier wird das Besucherzentrum neu gebaut", erfahren wir von unserer Reiseleiterin mit dem Bustäfelchen Nummer 2 in der Hand, und: „Vorübergehend sind Information und Andenkenladen noch in einem Container untergebracht. Jetzt nutzen wir aber erst die Trockenphase für einen Spaziergang zu den mystischen Steinen!" Doch vor der Aussicht auf mehr als 500 Steine steht uns noch ein Abenteuer bevor: die Überquerung einer vielbefahrenen (!) Straße ohne Überweg. Und das bei französischen Autofahrern, die Fußgänger eher als Freiwild ansehen. Aber schließlich haben wir es doch alle ohne Blessuren geschafft!

Tatsächlich. Wir sind vor einer langgestreckten Wiese angekommen, vielleicht 500 Meter lang und 40 bis 60 Meter breit, und auf ihr stehen, schön, in Reih und Glied, geschätzte 500 Felsbrocken. Sie sind alle länglich, und die meisten erheben sich zudem aufrecht und gleichmäßig angeordnet mitten aus der gelbblühenden Wiese. „Was wird so ein Stein wiegen?" – „Wie sind die Brocken hierhergekommen?" – „Was war ihr Zweck?" Unsere Reiseleiterin kommt gar nicht mehr nach, die Fragen alle zu beantworten; dabei bleibt aber vieles im Unklaren, und deshalb müssen oft Vermutungen als Erklärungen ausreichen. Viele der Steine haben ein Volumen von rund einem Kubikmeter, was einem Gewicht von etwa 2,5 t entspricht. Aber es gibt auch größere und kleinere Exemplare. An vielen Stellen lassen sich auch noch Bearbeitungsspuren erkennen. Es muss schon eine reife Leistung gewesen sein, diese Steine vor rund 4500 Jahren hierher zu transportieren und schön geordnet aufzurichten. Wir können uns ganz gut vorstellen, wie die damaligen Priester, Druiden genannt, zwischen den Menhiren ihre Beschwörungen an die Naturgeister gerichtet haben.

Zum Schluss unserer kleinen Rundtour um die Steine dürfen wir uns noch ein paar Minuten im behelfsweisen Besucherzentrum aufwärmen, denn draußen hat es doch einen deutlichen Temperatursturz gegeben. Zwischen vielen Kunststoffdruiden, Kunstharzmegalithen und Büchern über die ‚Steinzeit' gibt es auch eine kleine Auswahl an Silberschmuck, gleich neben der Kasse und damit immer im Blickfeld der Kassiererin. Ob ich meiner Frau mal eine kleine Freude machen kann? Es gibt silberne Anhänger und Ringe mit den typischen Runen darauf, und ein paar Stücke in einem Extrakästchen, bei denen die Schriftzeichen blau hinterlegt sind. Ich halte einen derartigen Ring probehalber meiner Gattin unter die Augen und beobachte ihre Reaktion. „Der verfärbt sich ja!", ist ihre erste Äußerung. Und tatsächlich, jetzt ist er plötzlich fast überall grün geworden. Das Rätsel löst sich bei näherem Studieren der Aufschrift auf dem Kästchen, die auch in Englisch vorhanden ist. „Der Schmuck verfärbt sich je nach Temperatur von ganz dunkelbraun über blau und grün bis hin zu gelb", übersetze ich Traudl den Text, während sie mit dem Ring experimentiert und ihn mal fest in der Hand drückt und dann wieder an der Luft etwas abkühlen lässt. Bingo; ich darf ihr den Ring kaufen.

Nur ein paar Kilometer weiter fährt unser Bus an einer anderen länglichen Wiese vorbei, auf der auch wieder die Megalithen aufgereiht stehen. Aber an einer Ecke des Geländes bewundern wir noch kurz einen Dolmen, also eine

Art Grab mit Megalithen ringsum und einer extra großen Steinplatte obendrauf.

Dann wird der letzte Punkt unseres Ausflugs angesteuert: Oberhalb des Flüsschens Auray steigen wir aus und gehen ein paar Schritte zu einem Aussichtsbalkon, von dem aus wir auf den kleinen Hafen von Saint-Goustan hinunterschauen können. Er liegt malerisch in einer Flussschleife und beherbergt gerade mal ein halbes Dutzend kleiner Sport- und Fischerboote. Die ehemaligen Fischerhäuschen rings um den Hafen sind inzwischen zu ebenso kleinen Bistros und Restaurants mutiert, denn der Tourismus hat hier als Erwerbsquelle den Fischfang schon längst abgelöst.

Ein kurzer, steiler Abstieg, und wir stehen auf der antiken Steinbrücke, über die wir in das alte aber schön herausgeputzte Zentrum von Saint-Goustan und damit in den Touristenrummel kommen. Eigentlich ist jetzt schon fast Mittagszeit, aber in Anbetracht der Menschenmassen verkneifen wir uns den Imbiss; wir greifen erst mal auf unsere ‚Reserven' zurück, wie Traudl ja heute Morgen schon angedeutet hat. Auch auf dieser Seite des Aurays führt eine Gasse bergan und damit schnell weg von den Touristen. Oben angekommen, stehen wir – nun wieder alleine – vor den offenen Türen der Kirche des Ortes aus dem 15. Jh. Obwohl sie am Ende des 19. Jh. durch ein Feuer stark beschädigt wurde, konnte sie wieder restauriert werden und sie sieht in ihrem Innern nun hell und freundlich aus; gar nicht so düster, wie die Kirchen in Frankreich oft sind. Ein großes Schiffsmodell, das zentral von der Decke hängt, verweist noch auf die frühere Haupttätigkeit der Bevölkerung, auf Fischfang und Seefahrt.

Für den ‚Abstieg' hinunter zur Brücke nehmen wir einen anderen Weg, eigentlich schon eine richtige Straße, und passieren dabei auch einige moderne Villen mit schönen Vorgärten. „Schau mal, ein Dolmen!", bremst mich meine Frau ab. In der Tat, auf der Klingel- und Briefkastensäule vor einem Haus hat man einen kleinen Dolmen aus vier Mini-Megalithen und einem Deckstein aufgebaut!

Mein Tipp *Haben Sie unterwegs mal Hunger? Und welches Lokal ist dann das Beste? Gehen Sie nur dort rein, wo die* **Einheimischen** *auch hingehen, denn die kennen sich aus!*

Über die Brücke und dann der Straße bergan folgend, erreichen wir bald das neue Zentrum mit einem ansehnlichen Marktplatz, auf dem gerade eine Bühne abgebaut wird. Um den Platz herum gehen wir an vielen kleinen Geschäften vorbei, beziehungsweise an einem kommen wir eben nicht vorbei, sondern treten ein. Es ist eine Bäckerei mit verlockenden, gerollten Sandwiches im Schaufenster, und auch ein paar Einheimische lassen es sich hier schmecken. Wenn das kein gutes Zeichen ist! Wir nehmen uns jeder ein Röllchen mit auf den Weg zum Bus, der auf der anderen Straßenseite steht, und kaum sitzen wir wieder auf unseren Plätzen, beginnt draußen ein Regenguss, der uns garantiert bis auf die Haut durchnässt hätte. Auch die restlichen Ausflügler stürmen nun den Bus und sind froh, dass der Regen bis zum Ende unserer Freizeit gewartet hat. Wir füllen inzwischen den Bus dank unserer noch heißen Rollen mit Hähnchen- und Thunfischduft. Unter den neidischen Blicken der Nachbarn verdrücken wir unseren Imbiss auf dem gleichen Rückweg nach Lorient und zur Albatros wie beim Herweg, diesmal aber unter noch heftiger prasselndem Regen.

In der Galley

Kurz nach unserer Rückkehr ist der nasse Spuk auch schon wieder vorbei! Da ertönt mal wieder die Stimme unseres Kreuzfahrtdirektors über die Lautsprecher und verkündet, dass zu unserem Abschied eine bretonische Volkstanzgruppe an der Pier einige Tänze aufführen wird. Also heißt es wieder: Hinauf auf das Promenadendeck, obwohl wir uns eigentlich erst mal wieder trockenlegen und den Ausflug zu den Hinkelsteinen verarbeiten wollten. Aber die Tänzer werden sicher nicht auf uns warten! Vor einer fast leeren und zur Pier hin offenen Lagerhalle haben sich 14 Personen, Männchen wie Weibchen, versammelt und warten anscheinend auf ein Startsignal, das dann auch bald durch die Wiedergabe eines Musikstücks von CD aus einem Kofferradio erfolgt. 13 der Bretonen bilden einen Kreis und schwingen ihre Beine rhythmisch hin und her. „Das sieht fast wie ein Sirtaki aus", stellt meine Gattin fest,

„nur in Zeitlupe." Aber es kommt noch eine Steigerung: Sie fangen an zu singen! Ob der Gesang französisch ist oder ein bretonischer Dialekt, können wir wegen der Entfernung nicht erkennen; verstehen würden wir es sowieso nicht.

Während der Vorstellung wird fleißig unsere Gangway abgebaut und schließlich per Bordkran an Deck gehievt. Und erst, als unser Kapitän das Horn erschallen lässt, beendet die Tanzgruppe ihre Aufführung. Zum Dank für diese Präsentation haben sich der Kreuzfahrtdirektor und einige seiner Mitarbeiter die überdimensionalen Handattrappen geholt und winken damit zum Abschied den Tänzern und Sängern zu.

~.~

Das Abendessen wird heute unter dem Motto ‚MS Albatros Dessertbuffet' stehen. Da hat sich die Patisserie unter Roberta wieder eine Verlockung besonderer Art einfallen lassen: Unter japanischen Schirmen und zwischen kunstvoll geschnitzten Obstfiguren warten viele verschiedene Cremes, Törtchen, Kuchen, Eissorten und auch großflächig ausgelegtes, mundgerecht geschnittenes Obst darauf, verzehrt zu werden. Wohl gemerkt, das ist nur der Nachtisch nach den üblichen vier Gängen aus Vorspeise, Suppe, Salat und Hauptgang. In Anbetracht der Herausforderung, zieht sich das Abendessen heute auch etwas länger hin, und an unserem Tisch entsteht auch mal eine vertiefende Diskussion über unsere Erlebnisse auf dieser Reise, aber auch über sonstige Interessen, die Herkunftsorte und frühere Reiseziele.

Aber es gibt heute auch noch einen anderen Grund, das Essen etwas hinauszuziehen: Kai Wendland, oberster Küchenchef auf der Albatros, hat per Tagesprogramm zu einer Küchenführung eingeladen. Natürlich haben wir uns heute Morgen, als wir das gelesen hatten, sofort die Teilnahmekarten an der Rezeption besorgt, denn für alle Passagiere auf einmal wäre in der Galley gar kein Platz. Sobald der abendliche Essensrummel vorbei ist, also so gegen 21 Uhr 30, dürfen wir in das Allerheiligste des Küchenchefs.

Mit uns haben sich rund 20 Personen für diese Besichtigung angemeldet, und wir werden pünktlich am Zugang zu den Räumen erwartet, die sonst für Passagiere tabu sind. „Einmal Hände desinfizieren, bitte!", werden wir aufgefordert, aber die Schuhe dürfen wir anlassen. Und zur ‚inneren Desinfektion' werden kleine Becher mit etwas Hochprozentigem herumgereicht. Dann geht es durch die Stahltüre mit Bullauge in ein silberglänzendes Reich von mehreren hundert Quadratmetern. Und mit bis zu 80 Köchen, Beiköchen, Spülern und was sonst noch in einer Großküche gebraucht wird. Jetzt ist aber schon Ruhe eingekehrt, das Abendessen größtenteils abgearbeitet, und nur noch zwei Spüler sind mit dem Abwasch beschäftigt. In einer anderen Ecke verstaut eine Mamsell stapelweise Teller in deckenhohe Wandregale. Hunderte von Tellern,

Schüsseln, Schalen, Glosche lagern hier, und in reihenweise Kunststoffbehältern werden Gläser und Besteck aufbewahrt.

Herr Wendland erzählt uns etwas über den Betrieb in seiner Küche, der rund um die Uhr geht. Tagsüber werden die diversen Essen vom Frühstück bis zum Mitternachtsimbiss zubereitet und auf Abruf angerichtet und sofort serviert. Nachts sind die Bäcker aktiv, die mindestens 20 verschiedene Sorten an Brot und Kleingebäck in die mehrstöckigen Öfen schieben. Frühmorgens fangen dann die Beiköche an, Gemüse zu putzen, Fleisch zu parieren oder Getränkespender aufzufüllen. Und so geht es hier eigentlich den ganzen Tag rund. „Warum ist dann jetzt so wenig los?", fragt ein Herr aus unserer Gruppe. „Weil der Mitternachtsimbiss heute schon fix und fertig in den Kühlräumen liegt und darauf wartet, dass es 23 Uhr wird", kommt die prompte Antwort vom Chef de Cuisine und wir erinnern uns, dass für heute ‚Dreierlei Tatar' geplant ist. Schon wieder Essen! Aber noch sind es zwei Stunden bis dahin, und vielleicht stellt sich nochmal ein wenig Hunger ein. Etwas bedrückend ist die Atmosphäre in der Galley schon: keine Aussicht nach draußen, also auch kein Tageslicht, nur Kunstlicht. Dazu die sterilen, blitzenden Tische und Geräte, und dazwischen kaum Platz vernünftig aneinander vorbeizukommen. Und so arbeitet das Küchenpersonal, hauptsächlich wieder Philippinos, acht bis zehn Monate im Jahr ohne Unterbrechung, bevor wieder ein Heimaturlaub ansteht. „Danke für Ihr Interesse an unserer Arbeit und ‚Auf Wiederessen'!" Mit diesen Worten ist die Führung beendet.

Die Zeit bis zum Mitternachtsimbiss verbringen wir an Deck. Die Sonne versteckt sich immer wieder hinter theatralisch drohenden Wolken und färbt den Himmel über dem Atlantik in allerlei Gelb- und Rotschattierungen. Erst als es kurz vor 23 Uhr ist, kommen wir auf unserem Weg zur Kabine ganz zufällig am nächtlichen Buffet vorbei. Genauer gesagt, Traudl kommt wirklich daran vorbei; ich dagegen schnappe mir einen Teller und muss einfach von den verschiedenen Tatarsorten probieren. Lachs, Rind und Kalb stehen zur Auswahl, und eines schmeckt so gut wie das andere. Aber dann wird es Zeit für die Kojen!

Im Niemandsland

Der nächste Morgen zeigt sich erst einmal sehr bedeckt. In der Nacht haben wir zwar offiziell die französischen Gewässer verlassen, das triste Wetter haben wir aber anscheinend mitgenommen. Schon während der Nacht haben wir gemerkt, dass wir auf See sind: Während wir den westlichsten Zipfel Frankreichs umrundet haben, musste unsere Albatros wohl heftig gegen die bretonischen Winde ankämpfen. Demzufolge sind wir heute Morgen auch nicht so ganz ausgeschlafen.

Da wir aber erst gegen Mittag an unserem nächsten Ziel ankommen werden, lassen wir uns wieder etwas mehr

Zeit. Während Traudl die Nasszelle für sich beansprucht, studiere ich erst mal das Tagesprogramm, das – wie jeden Abend – unter der Tür unserer Kabine hindurchgeschoben worden ist. Damit meine Frau auch weiß, was auf uns zukommt, lese ich ihr interessante Passagen aus dem Programm laut genug vor, damit sie meine Worte auch bei laufendem Wasser verstehen kann. Als sie dann wieder in unserem   Schlaf-/Wohn-/Ankleide-/Aufenthalts-/Lagerraum erscheint meint sie nur „Jetzt wissen wenigstens auch gleich die Leute in den Nachbarkabinen, was heute geboten wird."

Unser Ausflug auf die Insel Guernsey beginnt erst um 14 Uhr. Genug Zeit bis dahin, den zunehmenden Schiffsverkehr hier an der Einfahrt zum Ärmelkanal zu beobachten. Und dazu wird der Himmel nach dem Frühstück auch langsam aber stetig immer blauer. Der Wind ist nach wie vor spürbar, und so bekomme ich von Traudl ein Stirnband verordnet, als wir unsere morgendliche Runde auf dem Promenadendeck absolvieren wollen. „Wir kommen wieder langsam nach Hause; das Wetter passt sich schon mal an." Ich merke doch ganz deutlich, dass wir nicht mehr im sonnigen Süden unterwegs sind. Aber vielleicht ist es auch nur die britische Insel, die hier schon das Wetter bestimmt?

Kurz vor dem Aufruf zum Mittagstisch bemerken wir ein kleines, rotes Boot, das sich mit gutem Tempo unserem Dampfer nähert. ‚Pilot' steht in großen Lettern auf der Führerkabine, der Lotse kommt also an Bord. Dabei ist erst vor einigen Minuten am Horizont voraus Land in Sicht gekommen. Das Übernahmemanöver müssen wir natürlich noch beobachten, auch wenn wir dadurch ein paar Minuten zu spät zum Essen kommen. Aber so streng sind die Essenszeiten nicht einzuhalten, auch eine halbe Stunde später kann man noch das ganze Menü serviert bekommen.

Dann wird es auch für uns langsam Zeit, unseren Ausflug in Angriff zu nehmen. „Letzter Bus, wie immer?", frage ich vorschnell meine Frau. „Nein, heute haben wir nur eine Stadtführung – ohne Bus!" Auch gut, dafür werden wir mit einem Tenderboot an Land gebracht. Also doch so eine Art Omnibus! Aber da spielt es ja keine Rolle, mit welchem Boot wir die kurze Strecke zum kleinen Hafen von Saint Peter Port, der Hauptstadt der Insel, zurücklegen. „Sind wir hier eigentlich noch in Frankreich oder schon in Großbritannien?" Die Frage musste ja von den Mitreisenden kommen, denn das erste große Schild am Hafen ist zweisprachig. Oben steht ‚Bianvnu à St. Pierre Port', und darunter ‚Welcome to St. Peter Port'. Was nun, das Englisch ist klar, aber soll das darüber wirklich Französisch sein? Die Aufklärung durch unsere Türkisblaue lässt nicht lange auf sich warten: „Die Kanalinseln gehören weder zu Großbritannien, noch zu Frankreich, noch sind sie ganz selbständig! Sie unterstehen direkt der britischen Krone und sind daher auch nicht in der EU, wie es Großbritannien heute noch ist. Und die Sprache hat sich hier auch etwas verselbständigt; neben Englisch wird meist eine Art französischer Dialekt gesprochen."

Ein ‚Mischwesen' also. Das wird auch schon beim ersten Briefkasten klar: seine Form und der Aufdruck ‚EⅡR' weisen eindeutig auf England hin, aber seine Farbe ist nicht etwa das britische Rot, sondern ein leuchtendes Blau! Und auf einem Gebäude weht eine britische Fahne, auf dem Turm daneben die Fahne von Guernsey, weiß mit einem rot-gelben Kreuz. Diese Farben passen auch viel besser zum überall präsenten Blumenschmuck, denn schon am Hafen werden wir von unzähligen Blumenkästen mit gelben, orangen und roten Blüten begrüßt. Was die Bepflanzung am Boden ist, wird in der Höhe zwischen den Häusern mit vielen Fahnen und langen Reihen von bunten Wimpeln fortgesetzt. Genauso farbenfroh sind die Menschenmassen, die sich durch die teils steilen Gassen schieben und die sauberen Geschäfte mit durchwegs hochwertigen Artikeln mehr von außen als von innen studieren. Apropos ‚sauber', selten haben wir eine so belebte Stadt gesehen, bei der auch nicht ein Krümelchen auf dem Boden liegt oder auch nur ein Fenster dringend einen neuen Anstrich benötigen würde.

Unser Rundgang in der Stadt endet mit dem Besuch der ‚Town Church' aus dem 12. Jh. Schöne Glasfenster, aufwändig geschnitztes Gestühl und eine Reihe von Standesfahnen, die an den Wänden hängen und altersbedingt schon etwas zerfleddert sind, verleiten mich wieder zu einer ganzen Serie von Aufnahmen. Bevor unsere Führung weitergeht, haben wir wieder etwas Freizeit, in der wir uns in einem Minisupermarkt etwas zu trinken kaufen und ein paar landestypische Toffees – Plombenzieher, wie sie Traudl gerne wegen ihrer klebrigen Konsistenz nennt. Bezahlt wird mit der Kreditkarte, denn wir haben weder britische noch Guernsey-Pfunde dabei.

> **Mein Tipp**
>
> *Man muss nicht immer alles Mögliche mitmachen. Heben Sie sich noch etwas für einen weiteren Besuch auf. Denken Sie daran:* **Sie haben Urlaub!**

Der zweite Teil unseres Ausflugs führt uns ein paar hundert Meter über einen relativ neuen Damm zum Schloss ‚Cornet' aus dem Beginn des 13. Jh. Eigentlich ist es mehr eine Festung als ein Schloss, denn es diente hauptsächlich dazu, die Eindringlinge aus Frankreich, England und – im zweiten Weltkrieg – auch Deutschland abzuhalten, was aber meistens nicht dauerhaft gelungen ist. Und weil jeder die Inseln haben wollte, gehören sie heute eben zu keinem Land mehr, sondern sind quasi Privateigentum der Königin von England.

Die gewaltigen Felsmauern der Bastion halten den Wind fern, und schon wird es wieder angenehm warm. Wir erfahren viel über die Geschichte von Cornet und der Insel, bewundern die Blumenpracht auch hier zwischen den Steinen und zählen die Kanonen, von denen eine immer zur Mittagszeit abgefeuert wird. Trotz der schönen Aussicht von den obersten Anlagen auf unser Kreuzfahrtschiff, das vor dem Hafen auf Reede liegt, hören wir auch hier wieder bedrückende Geschichten von Gefangenen, die in den Katakomben jahrelang kein Sonnenlicht zu sehen bekommen haben.

Wieder zurück am Hafen, hat inzwischen die Ebbe mit einer Tide von sechs bis sieben Metern zugeschlagen und es ist wohl gerade Niedrigwasser. Selbst im Hafenbecken liegen die kleinen Fischerboote und Sportboote schräg auf der Seite im Trockenen oder, besser ausgedrückt, im Schlamm. „Aber da drüben schwimmen sie noch!", stellt Traudl fest. Und wirklich, eines der Hafenbecken ist durch einen Drempel – eine kleine Mauer, die vielleicht eineinhalb Meter vom Grund hochragt – vom Rest des Atlantiks abgetrennt. Und in diesem Becken bleibt dann auch genügend Wasser, so dass die Boote weiterhin schwimmen. Nur rausfahren können sie nicht!

Aber unsere Tenderboote liegen an einer anderen Stelle, die es ihnen auch bei einem derartig niedrigen Wasserstand erlaubt, zurück zur Albatros zu fahren. An dieser Warteposition zur Einschiffung in die Tender wurde von der Reederei dankenswerterweise ein kleiner Getränkestand aufgebaut, denn inzwischen brennt die Sonne auch hier voll auf uns herab. Schließlich soll niemand mit einem Sonnenstich zurück an Bord und deshalb dann gleich ins Schiffshospital müssen!

Abschied?

Auch wenn das Tendern immer etwas umständlich ist, so ist es doch eine nette Abwechslung, mal in einem kleinen Boot über die Wellen zu schaukeln. Von den Schiffbewegungen auf einem Kreuzfahrtschiff bekommen wir meistens ja nicht viel mit! Als wir uns der Albatros von der Backbordseite nähern, hängen die meisten Tenderboote schon wieder an ihren Stahlseilen und werden gerade nach oben gewinscht. Wir gehören also zur letzten Gruppe, die zurück an Bord kommt.

Unser erster Weg führt uns direkt in die Kabine, wo wir uns wieder etwas frisch machen können. Dann werfe ich einen Blick ins Tagesprogramm, um mal nachzuschauen, was heute noch geboten ist. „Abschiedsdinner!?" Ich glaube es kaum und muss es gleich Traudl vorlesen. „Wieso Abschiedsdinner? Wir sind noch drei Tage unterwegs! Oder wollen die uns in Dover schon aussetzen? Verstehst du das?" Meine Gattin schaut etwas ratlos, denn eine Erklärung hat sie auch nicht. Aber dann durchfährt es sie: „Da muss ich

> **Mein Tipp**
> *Haben Sie Sorgen um Ihr **Gewicht** bei der umfangreichen und guten Verpflegung? Versuchen Sie wenigstens einmal am Tag an einem Gymnastikprogramm an Deck teilzunehmen oder dem Fitness-Raum einen Besuch abzustatten!*

ja noch mein Cocktailkleid aufbügeln!" Das Abschiedsdinner gehört, genau wie das Willkommensdinner oder
das Galabuffet, zu den Veranstaltungen, zu denen im Tagesprogramm ‚elegante Kleidung empfohlen' wird. ‚Empfohlen', also nicht unbedingt vorgeschrieben! Aber man
will ja nicht auffallen, also sind ein Sakko und ein hüb-
sches Kleid nicht fehl am Platze. Traudl holt sofort ihr
pinkfarbenes Kleid aus dem Spind und begutachtet es kri-
tisch. Mit „Na ja, es geht noch!", gibt sie sich dann aber
doch zufrieden und entscheidet, deshalb nicht in die
Wasch- und Bügelstube zu gehen. „Und mein Anzug?",
will ich sicherheitshalber von ihr wissen. Ich würde mir da
keine großen Gedanken machen, will aber auch die Zu-
stimmung meiner Gattin gewinnen. „Das Sakko ist ok,
aber die Hose hänge ich noch ein paar Minuten in die Dusche", kommentiert sie die Sitzfalten meiner Hose. Gut,
das wäre geklärt.

Im Restaurant sieht eigentlich alles so aus wie immer. Nur
am aufgelegten Besteck ist erkennbar, dass heute ein besonderes Menü auf uns wartet: Mindestens einmal Messer
und Gabel sind zusätzlich vorhanden, und auch fürs Des-
sert gibt es heute drei Besteckteile. Aber dann geht es erst
richtig los: Das Licht wird gedimmt, und herein kommen
– unter der Musik von Vangelis – unsere Stewards und
Kellnerinnen mit den klassischen Eisbomben und bren-
nenden Sternwerfern darauf. Im Schlepptau folgen der
Hotelmanager, der Kapitän mit seinen wichtigsten Offizie-

ren in weißen Galauniformen, und schließlich die Verant-
wortlichen aus der Küche. Sie wünschen uns allen einen
guten Appetit und bedanken sich dafür, dass wir mit ihnen
gereist sind. „Vielleicht wird der Kapitän abgelöst und
geht von Bord? Oder wir sollen so viel Zeit für das Kof-
ferpacken einplanen, dass wir dann das Galaessen nicht
mehr genießen können?", überlegt Traudl, denn noch immer suchen wir einen Grund, warum das Abschiedsdinner
so früh angesetzt wurde und nicht erst am letzten Abend
vor der Ausschiffung. Aber die Aufklärung folgt durch unseren Tischober Marcos in seinem gebrochenen, aber noch
verständlichen Deutsch: Wenn wir in Bremerhaven ankommen werden, wird ein Teil der Küche erneuert. Die
Umbauarbeiten müssen aber bereits vorher beginnen,
sonst kann der Einbau nicht während des kurzen Aufent-
halts in Deutschland erfolgen. Für das Abschiedsdinner
wird aber eine vollständig funktionierende Galley gebraucht, und das geht eben nur noch heute.

In seiner humorvollen Art, und immer mit einem ver-
schmitzten Lächeln und unter heftigem Gestikulieren
bringt Marcos so endlich Licht in diese ungewöhnliche
Vorgehensweise. Jetzt können wir beruhigt die sieben bis
acht köstlichen Gänge über uns ergehen lassen, und die
Portionen sind zum Glück angemessen überschaubar. Das
ganze Menü zieht sich naturgemäß in die Länge, so dass
wir bis nach 22 Uhr mit unseren Tischnachbarn zusam-
mensitzen und uns bestens unterhalten. Nur Gracelda, unsere Kellnerin, die für die Getränke zuständig ist, kommt

mal wieder ins Schleudern. Wir machen es ihr auch nicht gerade leicht! Die beiden Damen an unserem Tisch, die ja gemeinsam reisen, haben aber getrennte Kassen. Jedoch bestellen Sie meist zusammen eine Flasche Wasser zu ihrem Wein. Bestellt wird das Wasser immer nur auf eine Kabinennummer, die ja für beide Damen gleich ist, aber die Rechnung landet leider meist auf dem falschen Konto. Also muss auch heute wieder storniert und neu gebucht werden; bis es schließlich stimmt oder die Damen sich einigen, dass eben mal die Eine für die Andere bezahlt. Irgendwann wird sich das schon wieder ausgleichen!

Zum gelungenen Abschluss des Tages bleibt aber noch etwas Zeit für einen verspäteten Sundowner in Harry's Bar bei ruhiger Schlagermusik. Einige Pärchen tanzen sogar dazu. Wir tanzen in Gedanken mit ihnen.

Dover sehen und ...

Während der Nacht hat unser Kapitän die Albatros durch den Ärmelkanal gesteuert und anscheinend sogar etwas an Dover vorbei, denn als ich am Morgen zur Orientierung aus dem Fenster spähe, sehe ich zu meiner Überraschung die Kreidefelsen der englischen Küste. Und das auf der Steuerbordseite! Also kommen wir von Nordosten. Aber noch viel wichtiger. Die Küste liegt in strahlendem Sonnenschein! Wo ist der sprichwörtliche englische Nebel? Das muss ich fotografieren! Ich hüpfe schnell in meine

Sporthose, ziehe ein T-Shirt über, und schon bin ich auf dem Weg nach oben; dabei ist es noch nicht mal 7 Uhr. Ich war zwar schon mehrmals per Fähre zwischen Frankreich und England gependelt, aber so habe ich die weiße Küste noch nie erlebt. Nachdem ich genügend Aufnahmen im Kasten habe, ziehe ich mich erst mal wieder in die Kabine zurück und erzähle Traudl von meiner Entdeckung und dass ich nahezu alleine auf dem Sonnendeck war. Das will sie aber auch sehen. Und so kommen wir das erste Mal auf dieser Reise in den Genuss des ‚Frühaufsteher-Frühstücks' am Lidodeck.

Nicht lange, und wir können die Einfahrt in den Hafen von Dover erkennen. Das Lotsenboot kommt uns auch schon entgegen, und die spannende Übernahme des Lotsen von seinem kleinen Bötchen auf unser vergleichsweises Riesenschiff darf uns auch diesmal nicht entgehen. Im Schneckentempo steuert unser Kapitän durch die enge Hafeneinfahrt. Er muss durch das ganze Hafenbecken hindurch und an einer der regelmäßig verkehrenden Fähren vorbei, bis er schließlich seinen Liegeplatz neben einem der wuchtigen Fährterminals erreicht.

~.~

Heute gibt es Sandwich! Aber vermutlich nicht zum Essen, sondern das gleichnamige Städtchen soll besichtigt werden. Also mal wieder ein Busausflug in das 20 km entfernte Ziel. Der einzige Bus, der Sandwich ansteuert, ist auch nur halbvoll. „Die meisten Ausflügler unseres Schiffs sind entweder nach Canterbury oder gleich nach

London unterwegs!", erläutert unser Reiseleiter die geringe Nachfrage nach diesem schmucken Örtchen. Und das ist es wirklich: viele zwei- bis dreistöckige Fachwerkhäuser, alte rohe Steinmauern, bei denen man in Ermangelung an Steinen auch mal alte Flaschen und Tongefäße verbaut hat, zwei klassische Kirchlein mit überdimensional dicken Türmen und immer wieder schmale Durchgänge, teils mit reizenden Torbögen. „Besonders einfallsreich sind die Sandwiches, oder sagt man Sandwicher, nicht gerade; die Straße hier heißt ‚No Name Street'!", fällt meiner Frau auf. Passend dazu gibt es dort auch einen ‚No Name Shop'.

Weiter geht es nach ‚Walmer Castle', einer Mischung aus Festung und Schlossanlage mit schönen Gärten und aus der Zeit von Heinrich VIII. Damit wir auch nichts verpassen, erhalten wir heute Audio-Führer, die uns per Knopf-im-Ohr durch die Räume führen. Eines der besonderen Ausstellungsstücke hier ist der Sessel, in dem Wellington 1852 gestorben sein soll. Auf dem zinnenbewehrten Umgang stehen die unvermeidlichen Kanonen, aber nur noch zur Schau. Solange noch etwas Sonne scheint, dränge ich Traudl, in den Garten zu gehen. Inzwischen haben sich nämlich schon große Teile des Himmels mit grauen Wolken zugezogen, aber ich möchte noch gerne ein paar Außenaufnahmen schießen. Dabei hätte der Garten durchaus einen längeren Aufenthalt verdient. Ein nett angelegter Teich mit rosa und weißen Seerosen, eine abstrakt gestaltete, drei Meter hohe Hecke und ein Meer von weißen Callas zieren den Park. Weiter hinten öffnet er sich zu einer großen Wiese, auf der sich auch schon ein paar Einheimische zum Picknick niedergelassen haben. Und zum Schluss erleichtern wir den Souvenirshop noch um ein Puzzle, das in 1500 Teilen die königlichen Familien Großbritanniens vom Mittelalter bis zu Königin Elisabeth II. darstellt.

… Dover nicht sehen

Auf dem Rückweg passieren wir auch ‚Dover Castle‘, das sich aber schon etwas in den tiefhängenden Wolken versteckt. In Dover selbst kommen wir an einem Gebäude mit einem großen Gemälde vorbei, das uns allen im Bus ein Schmunzeln entlockt. An einer riesigen Europafahne mit den zwölf Sternen lehnt eine Leiter, auf der gerade ein Maler damit beschäftigt ist, einen der goldenen Sterne mit blauer Farbe zu überstreichen. Aber eben alles ein Gemälde zum Thema ‚Brexit‘!

Schon als wir wieder auf die Artania zurückkehren, wird die Sicht immer schlechter. Wir können gerade noch die Nachbarschiffe im Hafen erkennen, aber bald sehen wir beinahe die Hand vor den Augen nicht mehr. Selbst eine Möwe scheint sich bei dieser Sichtweite schwer zu tun, denn beim Landeanflug auf die Reling neben uns verfehlt sie doch glatt die Brüstung und muss heftig flatternd einen zweiten Anlauf nehmen! Dass es mir sogar gelingt, dieses Manöver im Bild festzuhalten, ist zwar eher Zufall, aber ein witziges Foto ist es allemal geworden.

Die Sicht wird wohl so schnell nicht besser. Möglicherweise deshalb hat der Kapitän einen Schlepper bestellt, der uns langsam aber zielsicher aus dem Hafen hinaus eskortieren soll. Aber zunächst muss ein riesiger Ponton in der Größe eines Fußballfeldes aus dem Weg geschoben werden. Auf ihm liegen ebenso große Rohre und dazwischen ragt eine Art Bohrturm soweit in die Höhe, dass wir wegen des Nebels sein oberes Ende nicht mehr sehen können. Nach einer halben Stunde dürfen wir endlich weiter. Aber wo sind die Kreidefelsen hin? Es ist nichts mehr zu erkennen, die letzten sichtbaren Zeichen sind die Befeuerungen der Hafeneinfahrt, dann ist nur noch Nebel ringsum. Hoffentlich funktioniert die Radaranlage richtig…

Das Abendessen entspricht wieder dem ‚normalen' Standard von fünf Gängen, den Besuch an der Salatbar mit eingerechnet. Noch lässt sich nicht erkennen, ob die Küche schon abgebaut ist! Und am Abend wird wieder etwas geboten, das uns in die Atlantik-Show-Lounge zieht: ‚Elements' heißt die Show des Bordensembles und soll mit viel Akrobatik die Zuschauer locken. Mit Reifen, Stäben und Tüchern, die von der Decke hängen, verrenken sich die vier jungen Damen zu meist klassischer Musik und zeigen, wie gelenkig sie sind. Dazu gibt es für uns die schon fast obligatorischen Tagescocktails, so dass wir bald eine richtige Bettschwere verspüren. Für morgen ist ein Seetag angesagt, der zweite auf dieser Reise, und danach bleibt uns nur noch die Ausschiffung. Aber den letzten Tag wollen wir noch in vollen Zügen – oder besser: ‚vollen Schiffen' – genießen.

Prost, Captain!

Links Wasser, rechts Wasser, vor uns Wasser und hinter uns ein Frachter, aber sonst auch nur Wasser; heute ist eben ein Seetag. Für uns entdeckungsfreudige Leute ist so ein Tag nicht gerade aufregend, und darum suchen wir uns auch lieber Reisen mit möglichst wenigen Tagen aus, an denen kein Landgang möglich ist. Und damit es solchen unruhigen Menschen wie uns nicht langweilig wird, gibt es an derartigen Tagen ein umfangreicheres Angebot an Beschäftigungen an Bord als sonst: so auch heute. Das Tagesprogramm ist voller Spiele, zum Beispiel Shuffleboard oder Golfabschläge an Deck und Bingo oder auch ein Skat-Turnier in den verschiedenen Bars und Lobbys. Der Fotograf zeigt in der Atlantik-Show-Lounge den bis heute fertiggestellten Film, und auf dem Lidodeck wird die See-

Mein Tipp

*Schreiben Sie noch echte Postkarten? Dann haben Sie sicher eine Liste mit Kontaktdaten dabei. Besser noch: Vor der Reise **Aufkleber** mit den Adressen drucken und mitnehmen!*

karte der Reise versteigert. Was suchen wir uns aus? Den bayerischen Frühschoppen!

Statt der 11 Uhr Bouillon gibt es heute echte Münchner Weißwürste, Leberkäse und Spanferkel vom Grill; stilecht mit frischen Brezen und Frei(!)bier. Na, wenn das nicht schon eine perfekte Einstimmung auf unsere Heimat ist! Schon seit dem Frühstück gibt es auf dem Lidodeck ein emsiges Treiben: Überall werden weiß-blaue Fahnen und Girlanden aufgehängt, die Küchencrew schafft Warmhalteplatten und Heißwasserbecken herbei und ab 10 Uhr 30 füllen sich die Tische mit tonnenweise Kartoffelsalat, Semmeln, Schüsseln mit Senf und Ketchup (??), weiß-blauen Servietten und Besteck. Direkt neben der Bar wird das erste Bierfass angestochen und ein Glas nach dem anderen gefüllt. Pünktlich zum imaginären Gongschlag kommt der Chefkoch mit seinem Gefolge und schleppt ein Prachtexemplar von herrlich knusprigem Spanferkel auf einem großen Brett herein. Seine Kollegen bringen schüsselweise Würste und Leberkäse an und befördern sie in die bereitstehenden Warmhaltevorrichtungen. Noch ist nicht alles an seinem Platz, aber die Passagiere bilden schon eine lange Schlange. „Die haben wohl alle das Frühstück ausfallen lassen!?", stellt Traudl fest und meint, dass sie jetzt noch nichts essen könnte. Aber sobald die Schlange kürzer geworden ist, kann ich mich sehr wohl überreden, auch einen Teller zu schnappen und mir zwei Weißwürste geben zu lassen. Prompt reicht mir der Küchenjunge das Gewünschte mit dem Kommentar „Ein Paar Weißwurstl –

gute Appetit!". Das hat man ihm wohl so eingetrichtert, und ich spare mir den Hinweis, dass in Bayern Weißwürste stückweise gehen und nicht paarweise; schließlich will man auch mal drei Stück bestellen können! Die obligatorische Breze dazu, und einen Klecks süßen Senf, und meine Hände sind voll. Wie soll ich mir jetzt noch einen Bierkrug schnappen? Das Besteck – und hier entschuldige ich mich bei allen bayerischen Lesern, aber ein bisschen Zivilisation muss sein – habe ich mir schon vorher in meine Brusttasche gesteckt. Aber schnell finde ich Traudl wieder im Getümmel, und sie hat auf dem oberen Deck einen kleinen Tisch ergattern können, auf dem ich schon mal mein Essen parken kann. Das Bier wird mir sogar von einem der Schiffsstewards an den Tisch serviert. Ja, es schmeckt wirklich nach Heimat! Nur Traudl beschränkt sich auf ein Stück Breze und nimmt mal einen Schluck vom Bier.

Der ganze Frühschoppen funktioniert natürlich auch nicht ganz ohne passende Musik. Unser Gesangsduo hat sich in Lederhose und Dirndl geschmissen und gibt nun mit Keyboardbegleitung vermeintlich typisch bayerische Lieder zum Besten, wie zum Beispiel ‚An der Nordseeküste‘ und ‚Lilly Marleen‘. Mitten in der Menge entdecke ich unseren norwegischen Kapitän, stilecht mit Lederhose und Haferlschuhen, und auch einem Bierkrug in der Hand. Nur dessen Inhalt ist nicht so ganz passend; es sieht eher nach Mineralwasser aus! Auf einer der schmalen Treppen zum nächsten Deck sitzen sie dann wie aufgereiht hintereinander, Stufe um Stufe, die Damen vom Künstlerensemble, und lassen es sich ebenfalls schmecken.

Dann kommt der große Moment. Ein Tusch, und der Kapitän greift zum Mikrophon. Eine Platte wird hereingetragen, so groß wie ein kleiner Tisch, und auf einer Seite ist eine Original-Seekarte unserer Reise aufgeklebt. Zusätzlich ist sie mit diversen aufgemalten Fahnen und kunstvoll gestalteten Sehenswürdigkeiten verziert. Erster und zweiter Kapitän und alle anderen Offiziere haben sie unterschrieben, und dieses Unikum wird nun unter den Spendern für den ‚Crew-Welfare-Fond' unter viel Trara verlost. Auch zwei kleine Trostpreise gibt es für die Zweit- und Drittplatzierten, ein kleines Modell der MS Albatros.

„Ob heute noch jemand zum Mittagessen geht?", überlege ich laut in Anbetracht der Mengen an bayerischen Schmankerln, die hier verdrückt werden. „Ich kann jetzt dann schon etwas vertragen", höre ich prompt von meiner Frau, denn sie hat ja bis jetzt gefastet. Nun ja, dann schauen wir mal in die ‚Möwe', geselligkeitshalber kann ich mir ja dort noch einen Salat holen.

Als wir wieder in die Kabine zurückkommen, hat der Postbote wieder etwas unter der Tür hindurchgeschoben. Es ist ein Hinweis für alle Gäste, die ihre Koffer per Kurier nach Hause schicken wollen. „Wir müssen unsere beiden roten Koffer spätestens heute Nacht um 2 Uhr vor die Kabinentür stellen, damit sie abgeholt werden können!", informiere ich Traudl, die das gleich als Aufforderung versteht, mit dem Packen anzufangen. Aber ich kann sie noch bremsen, wir haben ja noch den ganzen Abend dafür Zeit.

So genießen wir den letzten Tag unserer Reise bei Sonnenschein und ganz angenehmen Temperaturen an Deck, nur mit einem kleinen Ausflug zu den Trimmgeräten und zur Tischtennisplatte. Beim Abendessen werden dann noch Adressen ausgetauscht mit der Bitte, sich Fotos von den Tischnachbarn gegenseitig zuzusenden, die eventuell bei Ausflügen oder auf dem Schiff entstanden sind.

Das ‚Abendprogramm' besteht heute für uns aus einem Gang zur Rezeption; die Bordrechnung muss noch beglichen werden! Bisher hatten wir ja überhaupt kein Bargeld benötigt, wenn wir uns Getränke bestellt haben, und die Ausflüge sind auch noch nicht bezahlt. Da hat sich schon einiges auf unserem Kabinenkonto angesammelt! Aber dank Plastikgeld fließt der entsprechende Betrag direkt von unserem Konto auf das von Phoenix-Reisen.

Ohne weitere Verzögerung geht es dann wirklich ans Packen, diesmal aber ohne Sicherheitsmaßnahmen wie bei der Anreise nach Monaco. Um halb 11 Uhr verabschieden wir uns von unseren Koffern und platzieren sie vor unserer Kabinentüre. Die letzte Nacht an Bord! Wenn es nach uns ginge, könnten wir gerne noch ein paar Wochen weiterfahren.

Das große Treffen

Schon im Morgengrauen ist der gelebte Traum vom großen Meer passé. Die MS Albatros tuckert gemächlich im Hafen von Bremerhaven neben einem Schlepper her und sucht ihren Stammplatz am Kai. Auch dieser Hafen ist nicht gerade eine ästhetische Sehenswürdigkeit, außer wenn man sich speziell für Ladekräne und Containerbrücken interessiert. Aber zumindest der mehrere hundert Meter lange Abschnitt, der den Kreuzfahrtschiffen vorbehalten ist, macht einen sauberen Eindruck. Und da liegt bereits ein Dampfer an der Mauer: die MS Berlin, ein Konkurrent also. Aber hinter uns folgt schon die Verstärkung: die MS Deutschland, die ja seit einiger Zeit auch für Phoenix fährt! Ob es da nicht eng wird an der Pier?

Bremerhaven ist quasi der Heimathafen für die Schiffe der Phoenix-Flotte. Und so werden die unterschiedlichen Reiserouten meist so geplant, dass sich alle vier Schiffe hier an mindestens einem Tag im Jahr treffen. Sollte das genau heute sein? MS Artania, unser Schiff von der Ostseereise, und MS Amadea, der kleine Luxusdampfer der Gruppe, fehlen noch. Jedenfalls sind sie jetzt schon zu zweit.

Für uns heißt es aber langsam ans Abschiednehmen zu denken. Noch ein Frühstück, und ab 9 Uhr ist die Gangway frei für das Ausschiffen. Für die Bahnreise nach Augsburg haben wir vorsichtshalber eine Platzreservierung erst gegen Mittag gebucht; jedoch erst ab Bremen.

Zuerst brauchen wir noch eine Verbindung zum Bahnhof hier in Bremerhaven, und dann den Lokalzug nach Bremen. Obwohl wir es nicht eilig haben, drängt es uns doch, den letzten Abschnitt dieser Reise in Angriff zu nehmen. Also noch ein kurzes ‚Auf Wiedersehen' zu den Tischnachbarn, von denen leider bereits die beiden Damen fehlen, und dann ziehen wir unseren übriggebliebenen blauen Koffer hinter uns her zu Ausstiegsluke, an der bequemerweise ein ‚Rüssel' angedockt hat, also eine geschlossene Gangway, die direkt ins Abfertigungsgebäude führt. Der Kreuzfahrtdirektor verabschiedet jeden Gast persönlich und wünscht eine gute Heimreise. Da wir nur unseren Handkoffer dabei haben – die roten Koffer sind vielleicht schon auf dem Weg nach Hause – gehen wir ohne Aufenthalt direkt zum Ausgang. „Nehmen wir ein Taxi?", frage ich Traudl, denn einige der beigen Fahrzeuge warten bereits auf Kundschaft. „Was ist mit dem Bus da hinten?", bekomme ich als Antwort. Einige der Heimreisenden gehen zielstrebig auf den Bus zu, und wir schließen uns an. Ja, der Bus fährt direkt zum Bahnhof, und die Frage nach dem Preis lässt mich erst mal stutzen; das ist sicher kein ‚öffentliches' Omnibusunternehmen! Ob da vielleicht ein Taxi doch billiger wäre? Egal, jetzt sind wir hier und steigen ein. 15 Minuten später ist dieser Teil der Reise auch schon wieder zu Ende; wir stehen vor dem Bahnhof.

Die Anzeigetafel verrät uns, dass der nächste Zug Richtung Bremen in ein paar Minuten losfährt. Also einen Zahn zulegen und zum richtigen Bahnsteig laufen!

„Schnell einsteigen!", kommandiere ich, aber meine Frau hat es nicht so eilig und sucht sich erst mal einen schönen Doppelstockwagen aus. In der oberen Etage ist fast alles frei bis auf ein paar Kinder, die anscheinend schulfrei haben. Auf die Minute pünktlich legt unser Zug ab. Oder heißt das jetzt nicht ‚fährt ab'?

Es ist fast 11 Uhr, als wir in Bremen ankommen. Unser Zug wird aber erst in zweieinhalb Stunden gehen. „Machen wir eine Runde durch Bremen, wenn wir schon mal hier sind?!", schlägt Traudl vor, und mit fällt auch nichts Besseres ein. Unseren kleinen Blauen verfrachten wir in ein Schließfach und machen uns auf den Weg zum Zentrum. Die Figuren der Bremer Stadtmusikanten sind noch da, wo ich sie vor vielen Jahren auf einer Geschäftsreise auch schon mal gesehen habe, und der ‚Roland' hält noch immer Wache auf dem Marktplatz vor dem Rathaus. „Guck mal, noch ein paar ‚Bremer Stadtmusikanten'!" Meine Frau deutet auf eine kleinere, dafür bunte Gruppe der vier bekannten Tiere, von denen aber jedes ein Buch in der Pfote hält. Aha, wohl der Hinweis auf eine Bücherei. Wozu man die Stadtmusikanten doch alles missbrauchen kann!

Den frühgotischen St.-Petri-Dom besuchen wir, da seine Tore weit geöffnet dazu einladen, und danach drehen wir eine Runde durch den ‚Schnoor', einen engen und verwinkelten Teil der Altstadt. Und weil wir auf dem Rückweg zum Bahnhof an einem großen Kaufhaus vorbeikommen, gönnen wir uns eine kleine Stärkung in dessen Restaurant.

Schließlich haben wir noch eine siebenstündige Bahnfahrt vor uns.

Nachdem wir unseren eingestellten Koffer wieder ausgelöst haben, kommen wir gerade rechtzeitig, um die Bereitstellung unseres ICEs mitzuerleben. Unseren Platz finden wir auch, aber die Anzeige gibt keine Auskunft darüber, ob diese Plätze auch tatsächlich bis Augsburg reserviert sind. Genaugenommen gibt es überhaupt keine Anzeigen, im ganzen Wagen nicht. Aber das muss uns nicht stören, denn die Plätze sind ja noch frei. Der Koffer findet sogar in der Ablage über uns Platz und steht so auch niemandem im Weg. Wir sind auch schon mal mit zwei Koffern und einer Reisetasche in einem total überfüllten Zug gefahren, in dem alle ein- und austeigenden Fahrgäste über unser Gepäck klettern mussten! Die Schimpfwörter habe ich immer im Gedächtnis. Hier ist aber alles bestens, und sogar die Abfahrt ist pünktlich. Man kann ja auch mal Glück haben! Und wir sind uns sicher: Nach der Reise ist vor der Reise; vielleicht wird es auch mal eine Flusskreuzfahrt!

Heimat, wir kommen...

~.~.~.~.~

Bisher erschienen vom selben Autor

Zu Kreuze fahren
Der Ratgeber für Kreuzfahrer

Herbert Alt schildert anhand seiner Erfahrungen auf humorvolle Weise, wie Kreuzfahrt geht. Dabei beginnt die Reise nicht etwa erst an Bord, sondern schon mit der Entscheidung, wer für ein derartiges Abenteuer geeignet ist. Durch die vielen wirklich erlebten Anekdoten ist dieses Buch als leichte Lektüre auch noch nach einer Kreuzfahrt bestens geeignet.

ISBN 9-783746-012513

Zu Kreuze fahren

… an Norwegens Küste

Eine Kreuzfahrt kann sehr erlebnisreich sein; gerade dann, wenn es an der norwegischen Küste entlanggeht, wo man jeden Tag mehrere Häfen anläuft. Das Wetter schlägt Kapriolen, und die Landschaft ist atemberaubend. Der Autor berichtet von einer 11-tägigen Reise zum Nordkap mit vielen Überraschungen, die der Leser hautnah miterleben wird.

ISBN 9-783746-036014

Zu Kreuze fahren
… zwischen Kiel und St.Petersburg

Per Schiff zu den Metropolen der Ostsee. Vom etwas verschlafenen Mariehamn bis hin zum pulsierenden Helsinki, vom eher schlichten Tallin bis zum glanzvollen Sankt Petersburg, von der Lässigkeit in Lettland bis zum strengen Protokoll in Russland; unterschiedlicher können die Städte nicht sein.

ISBN 9-783746-097299